ちくま新書

# 精神科医が教える 聴く技術

高橋和巳
Takahashi Kazumi

1456

# 精神科医が教える 聴く技術【目次】

## 第四章　感情を聴く——深いレベルに流れる感情を聴くと、心がつながる

# はじめに

人は、言葉によって成長します。

特に乳幼児期は、言葉の獲得と心の発達が密接です。

子どもは一歳ころから言葉を使うようになり、最初は「ママ」とか、「パパ」とかの一語だったものが、やがて「ママ、来て」と二語文になり、さらに「ママ、ジュース、ちょうだい」などの文章になっていきます。それにつれて、彼らが生きる世界は確実に広がっていきます。

乳幼児期でもっとも大きな心理発達は、イヤイヤ期に起こります。そこではまったく新しい種類の言葉を覚えます。

**「嫌だ、やらない」**です。

これは母親への拒絶の言葉です。子どもにとって母親はこの世に生まれてきてからずっと、一番大切で一番信頼できる存在でした。その母親に反抗するのです。第一反抗期とも言われますが、生まれて初めての自己主張です。自己主張というのは他人とは違う自分を出すことです。

それまではお母さんの腕の中で、あるいはお母さんの後を追いかけて従ってきた子どもが、今度は「歯を磨きなさい」、「着替えなさい」、「ちゃんと座ってご飯を食べなさい」……と言われても、「嫌だ、やらない」と言って反抗します。これが心理的にいかに重大な変化か分かるでしょう。

この新しい言葉を覚えることで、彼らは自我を拡大します。つまり、それまではお母さんに保護してもらうだけの存在だった子が、自分で主体的に動くことを覚えるのです。イヤイヤ期を越えると、その子は再びお母さんの言うことを聞くようになりますが、それは拒絶も選択できると分かった上での、主体的な選択の結果です。心は大きく広がりました。

一方、「嫌だ、やらない」という言葉を獲得できずにイヤイヤ期を越えられなかった子がどうなるかというと、彼らは社会（他人）の中で自己主張ができなくなります。例えば、幼稚園で自分のオモチャを他の子に取られても「僕のだよ、返してくれよ」と言えません。「嫌だ、やらない」という言葉を知らないからです。

イヤイヤ期は、ほとんどの子が自然に乗り越えていく発達段階です。

その後も子どもたちはたくさんの言葉を身につけて心を拡大していきますが、人生第二の重大な言葉の発見は思春期（第二反抗期）に起こります。新しい言葉は、これ。

「私（僕）のこと、放っておいてよ」です。

自分はこれから親とは別に生きるよ、という宣言です。思春期にこの言葉を使えるようになることは、精神的な自立を意味します。それがやがて学業を終えた後の経済的な自立へとつながります。思春期の内容はそれまでに培われてきた親子関係によってさまざまです。穏やかに親から離れて、夕食後にスーッと自分の部屋に行ってしまうだけの子もいれば、親との激しい格闘（時には家庭内暴力にまで及ぶことも）を演じる場合もあります。いずれにせよ「放っておいてよ、自分のことは自分でやる」という精神的な成長です。

そして、大人になる頃、二五歳くらいを境にして社会の中で使われる言葉をすべて使えるようになり、心も安定します。

しかし、大人になってからも、私たちは時々「新しい言葉」を見つけます。誰かと話をしている時に、ふと相手の言葉に感心して「ああ、そう表現するのか」とか思うことがあります。あるいは、悩みを打ち明けてきた友人の言葉を聞いて「素直だな、あんなふうに自分の気持を言えたらいいな」と感じることもあるでしょう。それは自分の中で詰まっていた気持やうまく言葉にできなかった心の状態を、代弁してくれた時の感じです。もし大人の私たちがイヤイヤ期の「嫌だ、しない」や、思春期の「放っておいてよ」のような新しい言葉を見つけることができたなら、人生は再び劇的に変わるかもしれません。

**実は、精神療法やカウンセリングは、この新しい言葉を見つけていく作業です。**

そこでは自分を語ることによって、新しい言葉を見出します。

カウンセリングの中で自分の辛さや苦しさを語っているうちに、自分がより「しっくりする」と感じる言葉に出会います。それまでは何かうまく表現できなくてモヤモヤしていた気持に、ぴったりの言葉を見つけるのです。そうすると、その瞬間、「ああ、自分はそうだったのか！」と納得がいき、自分が広がったような気持になります。

そういう言葉をいくつか発見すると、自然とその言葉が頭の中に広がり、定着します。新しい言葉が積み重なり、その結果、言葉全体を統率する文法（シンタックス）も変わってきます。そして、最後にはその人の生き方（人生観）が変わります。

物理学の概念に自己組織化（self-organization）というものがあります。これは、より普遍的な秩序を見つけていく自然界の力です。バラバラだった要素が互いに相互作用を及ぼすことによって結びつき、自発的に秩序を作り上げていくことを言います。その簡単な例は雪の結晶です。大気中の水蒸気は、ある一定の温度条件のもとで美しい六角形の結晶を自発的に作りだします。

また、遺伝子を構成するＤＮＡは何億年にもわたって核酸という構成要素＝分子が自己組織化を繰り返した結果、現在の精緻な構造になったと言われています。より普遍的な秩序というのは、ＤＮＡで言えばこの地球によりよく適応して生きていく力を高めることです。脳の神経細胞のネットワークも、長い間の自己組織化の力によって組み立てられてきたと言われています。

私は、カウンセリングによる新しい言葉の発見と文法の書き換えは、この自己組織化のプロセスと同じものだろうと考えています。さらにその力は神経回路の再組織化にまで至るのではないかとも思っています。

カウンセリングでなんの気兼ねもなく自由に自分を語れるようになると、この「自己組織化」が自動的に始まります。それは無意識のレベル、つまりまだ言語化されていない気持（感情）のレベルから始まり、いくつかの言葉が生まれ、言葉のネットワークが文法を変え、最後には生き方を変えます。カウンセリングでそのプロセスがどのようにして起こるのかを、これから順を追って見ていきます。

自分を語ることによって、人が変わっていく、自分の生き方を変えていく。人が自分を語ることによって新しい言葉や文脈をいくつ見つけられるか、それがその人の生き方を変える速度と深さを決めます。

**人が語り続けるのを支えるのは、聴き手である人の「聴く力」です。**

（本書にはたくさんの具体例・事例が登場します。それらはすべて筆者が創作した架空のもの＝模擬事例であることをお断りしておきます）

第一章

# 聴いてもらうと楽になるのはなぜか

――人が話すのは、自分を支えてもらいたいから

## (1)「聴く技術」とは何だろうか

### †賛成して聞いてもらえるから、気持が楽になる

カウンセリング・精神療法の一番分かりやすい効果は、話を聴いてもらって楽になることでしょう。これは、日常生活の中で誰しもその効果を経験しています。

「ねえ、こんなことがあったのよ。聞いてくれる……」と言って、ちょっと嫌なことがあった、辛いことがあったと話します。例えば、「Aさんにこんなことを言われたのよ、それってひどいって思わない?」などです。すると、それだけで話した人(話し手)は楽になって、その出来事を忘れていくでしょう。

話し手が楽になったのはAさんへの怒りを聞いてもらって、それに賛成してもらったと思うからです。もちろん、聞いた人(聞き手)が話の内容に賛成か反対かは分からないのですが、聞き手が黙っていれば、話し手は賛成してもらえたと思うものです。これが日常会話での聞いてもらう効果です。

ところが一方、いきなりAさんのことを聞かされた方は、ともすると不全感が残ってしまいます。不全感が残るのは、話し手のAさんへの怒りが聞き手に伝わるからです。特に聞き手が何も反応できないとそうなります。

もし、話し手がAさんのことを話した後に、「ねえ、あなたはどう思う?」と聞き手側に話す機会を与えて、聞き手が「そりゃあ、Aさんの言っていることはひどいですね」と返せたら、聞き手が感じた怒りも消えます。話し手、聞き手もともに楽になって、会話がめでたし、めでたしで終わります。

「聞き上手」と言われる人がいます。そういう人は黙って相手の話を聞いていますが、「そうよね」、「それはひどい」などと適度に合いの手を挟みながら、自分も不全感をためないようにしているようです。

## †言葉を返さないで黙って聴くのがプロ

こうした話し手と聞き手の関係が、「話す‐聴く」というカウンセリングの基本的な関係です。そして、聴いてもらって楽になる効果は、日常会話でもカウンセリングでも共通です。

しかし、聴き方には違いがあります。一番の違いは、カウンセリングの場面では聴き手

（カウンセラー）は決して合いの手や言葉を返さないということです。話し手（クライアント）だけが、話します。

なぜ、言葉を返さず、合いの手を挟んでもいけないのか。

結論を先に言うと、それをやってしまうと話し手の自己組織化する力を弱めてしまうからです（本書の後半で説明します）。

しかし、黙って聴いているだけだと聴き手（カウンセラー）側には不全感がたまっていきます。しかも、カウンセリングの場面で語られる内容は日常生活の中のちょっとした怒りなどではなく、重い話ばかりですので、なおさらです。ネガティブな話ばかり聴かされているとカウンセラーは、話し手（クライアント）に対して複雑な怒りに似た気持を持つようになります。

二人の人間が向かい合って話していれば、聴き手が感じた怒りはいずれは話し手にも伝わります。そうすると、最初は「賛成してもらえている」と感じて気持ちよく話していたクライアントは、「あまり分かってもらえていないようだ」と感じるようになって、カウンセリングが頓挫します。「聴いてもらって楽になる」というカウンセリングの効果は、消えてしまいます。

「聴く技術」とは、カウンセラーが不全感をためないで、クライアントの話を黙って聴き遂げるための技術です。クライアント側から言えば、いつまでも気持よく、自由に話せて、自己組織化する力が動き出すようにサポートしてもらう技術です。「聞き上手」の究極の技と言っていいと思います。

## （2）楽になるのは、世界を代表して賛成してもらえるから

### †たった一人の賛成者

悩みを話して、悩んでいる自分に賛成してもらえると、話し手は自分を責める気持が小さくなります。「こんな自分でもいいのだ」と思えるからです。人に話すと楽になる一番の理由です。

逆に、誰にも悩みを打ち明けられずに一人で考え込んでいると、だいたいはどんどん辛くなります。それは自分を責め続けて、自分だけがダメな人間だと思うからです。こんな自分は人から嫌われる、のけ者にされるという孤立感・恐怖心がその背景にあります。

例えば、こういう人がいたとします。母子家庭で母親と二人きりで育った女性Bさん、一九歳。苦労して勉強して、受験に合格、みごと希望の大学に入学できました。学生生活を思いっきりエンジョイしたいと思っていましたが、周りを見たら、何不自由なく育って明るく自分を出している華やかな女子大生ばかり。Bさんは、自分は暗い、自分を出せな

い、人に溶け込めない、明るく話ができないと悩み、自分の性格を責めました。

彼女は高校時代の親友に会って「こんな家庭で育てられたから、私は暗い性格になったと思う。私が小さい頃に離婚した母親を恨んでいる」と話しました。

もし親友から「そうなんだ、そうだよね。あなたは苦労したからね」と賛成してもらえれば、Bさんは楽になるでしょう。そして、思い直して「まあいいや、これからは自分なりに学生生活を楽しんでいこう」と思うでしょう。

しかし、逆に親友が「お母さんは一人で苦労してあなたを育てたのだから、お母さんを恨んではいけないよ。今さら親のせいにしないほうがいいよ」と返したら、本人は楽にはなりません。悩みを深め、自分を責めて、もっと暗くなることでしょう。

親友からどんな反応が返ってきても、今の状況、つまり「周りは明るい女子大生、自分は暗い女子大生（と自分が感じている）」という事態は変わりません。しかし、親友の反応によって気持は楽になったり、逆にもっと暗くなったりします。楽になるのは、自分の気持ちを認めてもらって人とつながれるからです。大きな不幸、悩みを抱えていても、人は人とつながっていれば強くなり、悩みは小さくなります。逆に、一人ぼっちで孤立していれば人は弱くなり、悩みは大きくなります。

Bさんが話を聴いてもらったのは一人の友人です。たった一人なのに、その人に賛成されたら世界中の人とつながった気がします。たった一人なのに、その人に反対されたら世界中の人から見捨てられた気がします。

カウンセラーは、クライアントにとっていつもこの「たった一人」の聴き手です。世界を代表する聴き手なのです。責任重大ですね。

「赤信号みんなで渡れば恐くない」という流行語がありました。確かに、一人で規則を破ったら悪いと責められるのは自分だけですが、みんな一緒であれば、非難される心配はありません。一人なら、規則を破った自責感から落ち込んだり、自分だけが非難されてのけ者にされるという不安にかられたりすることもあるでしょう。

でも、みんなで赤信号を渡ったのであれば、規則は規則だが車が通っていないのだからいいじゃないかと考えたり、むしろ合理的だとか、主張できるかもしれません。とにかく、みんなと気持が共有できれば、人は楽になるのです。

これは、自分の悩みを誰か他の人に聴いてもらったのと同じ効果だといえます。

誰か一人に聴いてもらうとは、みんなに賛成してもらうということと重なります。たった一人でも、自分のことを分かってもらえれば、人は世界につながります。なぜならば、この世の理解や認識はみんな密接につながっているからです。

生き方や政治的信条の差はあっても、生きるということで人々は共通の土台、理解、認識、合意的事実、すなわち「言葉」でつながっているのです。そのつながりを確認していくことが、分かってもらえたという安心なのです。

## （3）賛成して聴くことの難しさ

### †「話し手」を楽にする三要件

これから、話し手を楽にさせる聴き方を「傾聴」と呼ぶことにしますが、その傾聴には第一に「賛成して聴く」、第二に「黙って聴く」、第三に「世界を代表して聴く」という要件が入っていることを述べてきました。

私は、長くカウンセラーの教育をしています。カウンセリング・スーパーヴィジョンと言います。そこで思うのは、「賛成して話を聴くこと」がいかに難しいかということです。ずっと聴いていればどこかで必ず賛成できなくなるし、口を挟みたくなります。会話をしている二人の一方だけが「黙って聴くこと」は、人間にとって不可能に近いとさえ思います。

さらに「世界を代表して聴く」なんてことは、大袈裟なことだと思われるかもしれません。しかし、人が自分の気持を聴いてもらいたいときに相手を選ぶのは当たり前でしょう。

日常の些細なことを話す時も、必ず相手を選びます。分かってくれそうな人です。ましてや人生の深い悩みの時はなおさらです。その時、聴き手は話し手にとって、「世界を代表する人」として選ばれているのです。

「賛成して聴く」ことの難しさについて、例をあげて説明したいと思います。

## †反対できて初めて賛成できる

話を賛成して聴けるには、実は、賛成と反対の両方を理解して、聴き手がそれを自覚していないとできません。

つまり、話の内容に対して、

①よく分かる、そうそう、その気持に賛成、という気持

②そんなこと言ってだらしない、賛成できないよ、反対という気持

この二つの気持を持っていないと、賛成して聴き続けることはできないということです。例えば、クライアントが「辛いので死んでしまいたい」と話したとします。その時、プロの聴き手である精神科医やカウンセラーが相手の話を賛成して聴くためには、二つの気持をいつも持っている必要があります。つまり、

①「そうだよね、そんなに辛いなら死んでしまいたくなるよね」と、

②「まあ、そうはいっても諦めないで、問題を解決していこうよ」との、二つの気持です。賛成と反対の気持です。

「死にたい」と言われた時、カウンセラーの返す言葉は、実際は、「そうですか……」

程度でしょう。あるいは、軽くうなずくだけの反応かもしれません。その中に、①「気持分かるよ、そうだよね」と、②「でも、解決して先に進みたい気持もあるのだよね」の賛成と反対の両方が含まれています。カウンセラーのうなずきの中に両方を感じたクライアントは、深く安堵します。

人が「死にたい」と言ったとき、その中には実は「生きたい」が含まれているのです。生きようとしていなければ、死にたいと思うこともないはずですから。

死にたいという気持に賛成されずに、「弱音を言わないで、しっかり頑張って前を向いて行きなさい」と言われたら、クライアントは自分を否定されたと感じて、もっと落ち込みます。「ああ、(この人の前で)死にたいなんてこと言わなければよかった」と後悔するでしょう。

一方、死にたい気持にだけ賛成して、「そんなに辛いなら死んでも仕方ないよね」と言われたら、これもまたクライアントの気持ちを否定してしまうことになります。見捨てられ、死ぬしかないと辛くなるでしょう。なぜなら、繰り返しますが「死にたい」には「生きたい」が含まれているからです。

カウンセリングの中での究極の訴えである「死にたい」を、本当に賛成して聴くことがいかに難しいか、が分かっていただけたと思います。

「死にたい」という極端な例をあげて説明しましたが、どんな話も「賛成して聴く」ためには、カウンセラーは賛成と反対の二つの気持を同時にもって傾聴しなければなりません。そうでないと、この意見には賛成、しかし、この考え方には反対といったように揺れてしまいますし、その揺れはクライアントに伝わってしまいます。

どんな話にも賛成の気持と反対の気持の両方を持てるには、相当の心の広さを持たないとできないことです。これはカウンセリングの技術の中でもかなりの極意です。カウンセラー教育の中で、私が師匠として弟子にこの「極意」を教えるのはかなり上達した後です。

さて、私がカウンセラーに最初に教えること、それは、二番目の「黙って聴く」ことです。一番目の「賛成して聴く」の前に、「とにかく口を挟まないで黙って聴きなさい」と教えます。どうして二番目から教えるか、その理由も含めて次の第二章で話していきたいと思います。

第二章

# 黙って聴く

――終わるまでただ黙って聴いてもらうと、安心が広がる

これから、具体的に「聴く技術」を学んでいきます。「聴く技術」には四つのステップがありますが、それは次の第三章で詳しく紹介します。第一段階の〈ステップ1〉、それはとにかく、ただただ黙って聴くことです。

## (1) 黙って聴く技術――口を挟まない、質問しない、助言しない

### †とにかく黙って聴く

聴いてもらって賛成してもらうだけで、人は楽になります。そして、その経験がやがてその人の人生を変えていくことにつながっていきます。それがカウンセリングであり、「聴く技術」の本質的な作用です。

「賛成して聴く」ことは精神科医、カウンセラー、福祉や援助分野のケースワーカーにとって、大切な技術です。しかし、前章で述べたようにこれは専門家にとっても難しい技術です。

私は、カウンセラーのスーパーヴィジョンを行っていると言いました。スーパーヴィジ

ョンというのは、カウンセラーが正しい治療方針を持てているか、クライアントの話をきちんと聴けているか、正しい助言を返せているかをチェックして、うまくカウンセリングが進むように指導することです。つまり、「聴く技術」を教え、磨いていくことです。

カウンセラーが私のところにスーパーヴィジョンを求めてやって来て、教育が始まります。その際、私はカウンセラーに「逐語録」を作ってくるように言います。

逐語録とは、カウンセリングの際のクライアントとカウンセラーの発言記録で、次のような手順で作ります。まず、カウンセリングの最中はクライアントの話を聴きながら簡単なメモを残します。カウンセリングが終わったら（なるべく直後に）、メモを元にしてクライアントの発言と自分（カウンセラー）の発言とをできる限り正確に復元します。一般的な五〇分のカウンセリングですと、A４の用紙で三、四枚になります。その逐語録を土台にしてスーパーヴィジョンが始まります。

スーパーヴィジョンが始まってしばらくの間は、「賛成して聴きなさい」とは教えません。

最初は、そしてしばらくは「とにかく黙ってクライアントの話を聴きなさい」とだけ教えます。

これがクリアできたら、二番目に「クライアントの話を賛成して聴きなさい」と教えます。

なぜこの順番になるのかというと、カウンセラーは「黙って聴く」と「賛成して聴く」の二つを同時に教えられると、どうしても「賛成して聴く」ほうに気持が向いてしまうからです。それは人を助けたい、人の役に立ちたいという自然な気持からですし、カウンセラーになろうとする人は、特にこの気持が強いです。大切な気持です。

しかし、結果として、「黙って聴く」がおろそかになります。そうすると後から困ります。「黙って聴く」をマスターしないと、カウンセリングが心のより深いレベルへと進まなくなるからです。

「黙って聴く」を〈ステップ1〉、「賛成して聴く」を〈ステップ2〉とすると、スーパーヴィジョンを通じて、〈ステップ1〉から〈ステップ2〉までに進むのに早い人でも数カ月、多くは一年以上かかります。

その最初の聴く技術、「黙って聴く」技術を説明しましょう。

## †簡単なようで至難の業「黙って聴く」

「黙って聴く」とは、何もしないで「ただ聴く」ことです。簡単そうにみえますが、カウンセリングの中でも難易度の高い技法です。これが本当にできていれば、それだけでカウンセラーとして一流です。

「ただ黙って聴く」ことをもう少し詳しく定義すると、次のようになります。

**黙って聴くための三つの指針**

クライアントが話し始めたら、

①絶対に、口を挟まないで、

②絶対に、質問しないで、

③絶対に、助言をしないで、

話し終わるまで、ただ静かに聴く。

一見、とても簡単なことですが、実践となると難しい指針です。試しに、日常の会話でこれを実践してみれば、その難しさが体験できると思います。友人や家族があなたの前で何かを話し始めたら、口を挟まず、質問せず、意見を言わずに、ただうなずくだけで聴くことができますか。

黙って聴くことをもう少し詳しく定義すると、以下のことをしないことです。

**黙って聴く、四つの禁止**

①支持・承認の口を挟まない
相手の言っている内容に同意して「自分もそう思う」などと伝えない。

②復唱・繰り返し・要約をしない
相手の話のポイントをつかまえて、カウンセラーがそれについての言葉を返さない。

③明確化しない
クライアントが気づいていないことをカウンセラーが違う言葉に言い換えたり、要点を指摘しない。

④たとえ何か聴き取れないことがあっても、聞き返さない

「とにかく、黙って何も言わずに聴きなさい」ということです。

### †ほとんどの人は、口を挟んでしまう

スーパーヴィジョンの度に、「何も言わずに黙って聴くんですよ」と繰り返し教えます。

しかし、次の回のスーパーヴィジョンに持ってきた逐語録を見ると、ほとんどの人が口を挟んでいます。人は、つい口を挟んでしまうものなのです。

一例をあげれば、こんな具合です。

以下は、あるカウンセリング逐語録の一部です。クライアントはABさん、カウンセラーはCoとしています。

**AB**　実は……辛いことを思い出して気持が落ち込んでしまいました……。先週、四月七日が母の命日だったのですが、午後から仕事を休んでお墓参りに行って、そうしたらいろんなことを思い出してしまいました。母は晩年は一人暮らしでした。いつも休みの度に私は……実家に帰って母の手伝いをしていました。

もうその頃は足を悪くして買い物も一人ではできなくなっていたからです。「買い物、私が行くよ」と言っても母は「大丈夫、できるから」と言うんです。でも、見ていると重い物を持つと歩くのもやっとでした……こんな歳になっても気を使っているんだとその時感じたのを思い出して、ああ、もっといろいろとしてあげたかった、それができなかったなって……。（後略）

**Co** そうですか。それは大変でしたね。いいお母さんでしたね。

**AB** ええ、でも、それから少し気持を入れ替えて、今週は元気に仕事に集中しようと思って月曜日からまた頑張っています。

**Co** 頑張りましたね。偉いですね。よくやっていますね。

読んでみれば、ごく普通の会話、カウンセラーもよく聴いていると思われるでしょう。しかし、黙って聴くための三つの指針のうちの一番目「絶対に口を挟まないで、話し終わるまで、ただ静かに聴く」には、明らかに反しているわけです。

関心をもってきちんと相手の話を聴こうとすれば、内容に同意しても反対でも、人は口を挟んでしまうものです。

深い関心を持ってクライアントの話を聴きなさい。でも、決して口を挟んではいけません！という二つは矛盾していると思います。二律背反です。でも、それを実行します。

## †どうしても質問してしまう

次に、指針の二番目、

「絶対に質問しないで、話し終わるまでただ静かに聴く」

について例をあげましょう。
クライアントはＡＣさん。カウンセラーはＣｏです。

**ＡＣ**　昨日、とても嫌なことがあったのです。仕事の帰り、乗り換えのし◯◯◯の駅でした。とても混んでいて、私も急いでいたのですが、男の人と肩がぶつかってしまって、私、転んで膝をついてしまいました。持っていた買い物袋をばらまいてしまって……「馬鹿野郎！　どこ見て歩いているんだ」と怒鳴られました。その時は夢中で荷物を拾い集めましたが、あとから悔しくて悔しくて、涙が出てきてしまいました……。
**Ｃｏ**　それは酷いですね。よく聞き取れなかったのですがどこの駅と言いましたか？
**ＡＣ**　えっ？　あっ、ああ、新橋駅です。

相手の話を真剣に聴こうとすれば、聞き取れなかった言葉を確かめたくなるものです。しかし、カウンセリングでは決して質問してはいけません。クライアントはこの場面で、「怒鳴られて、惨めだった、悔しかった」と伝えたかったのです。それがどこの駅だったかは、新橋だろうが、新宿、品川、渋谷だろうが本質的な問題でありません。
そこで質問を挟んでしまったら、分かってもらいたかった感情が相手に伝わらず、中途半端に終わってしまいます。「聴いてもらってよかった」という安堵の気持は生まれてこないでしょう。カウンセリングの効果は半減どころか、話し手は悔しさを分かってもらえなかったと、がっかりしてしまいます。

**†助言してしまう**

聴く技術の三番目の指針、

「クライアントが話し始めたら、絶対に助言をしないで、話し終わるまでただ静かに聴く」は、クライアントが困っていることについて、「こうしたらいいですよ」とか「そう考えないで、こうしましょう」などの助言をしてはいけないということです。

クライアントはADさん、カウンセラーはCoです。

**AD** 夫のアルコール問題で困っています。酔って帰ってくると暴れて、物を壊したり……三歳の娘を起こして怒鳴り散らしたり。昨晩は家計の話になって「俺の給料じゃ足りないのか！」と言いだして、私に仕事を辞めろと言うんです。ちゃんとお金を入れてくれればいいけど、生活費だと渡されるお金ではぜんぜん足りないし、私もやっと続けている仕事を今は辞めたくはないです。そう言ったらいきなり殴られました。娘を抱いている私の頭を何度も何度も……顔を叩かれると仕事に行けなくなる……娘を抱いて……(涙)。(中略)結婚して四年になります。離婚のことも考えますが、実家には私、事情があって帰れないのです、行くところもないし……(沈黙)。

**Co** それは酷いですね。いつ頃からご主人の暴力は始まったのですか?

**AD** 結婚してすぐでした。結婚する前は優しい人だったのですが……。

**Co** ひどいDV(暴力)夫ですね。娘さんを連れて逃げる方法もありますよ。そういう夫から逃げるシェルターがあるのをご存じですか?

**AD** ええ、知っています……。

カウンセリングでは、決して助言をしてはいけません。なぜなら、助言をしてしまうと、カウンセリングによって心が変化していくきっかけを奪ってしまうからです。この例ではADさんは四年もの間、夫の暴力に悩んでいます。シェルターのことも知っていたので、離婚のこと、夫から逃げることも何度も考えたのでしょう。

しかし、いまだにその決心がつかないのは何か深刻な心の問題をかかえているからに違いありません。それに向かい合って自分を見つめないと、行動は起こせないでしょう。助言されてしまうと、ADさんが問題に向かい合う気持を奪ってしまいます。カウンセリングに訪れた真の目的、心を整理して新しい勇気を得るためのチャンスを、邪魔してしまうのです。

これはカウンセリング技術の核心に触れることです。「葛藤を聴く」（第五章）でさらに詳しく取り上げます。

## （2）口を挟んでしまった場合と黙って傾聴できた場合の訴える内容の違い

### †不安発作の四〇歳の女性の例で比較

口を挟まないで聴くというのがどういうことか、短い三つの例を読んで分かっていただけたかと思います。

以下、もう少し長い事例を紹介します。カウンセリングは一回が五〇分のことがほとんどです。この一回分の一続きの時間を「セッション」と呼びます。一回のセッションの約五〇分にわたって、カウンセラーが、

（A）口を挟んでしまった場合と、

（B）黙って傾聴できた場合とで、

クライアントの語る内容がどれほど違ってくるかを、見ていきましょう。カウンセラーの聴き方によって大きな差が出てきます。結論を先に述べると、両者の違いは**表1**のようにまとめることができます。

（表１）　(A) 口を挟んでしまった場合と (B) 黙って傾聴できた場合との違い

| | | |
|---|---|---|
| (A) 口を挟んでしまった場合 | クライアントの訴えは表面的なレベルで止まってしまい、内容はクライアントがそれまで一人で考えていた範囲内に留まってしまう。 | カウンセラーが傾聴できずに言葉を挟んでしまうと、全体が質疑応答になってしまい、そこではクライアントは、治療者・カウンセラーの質問や意向に沿った内容に限定して自分を語ることになります。新しい言葉の発見・気づきは生まれません。 |
| (B) 黙って傾聴できた場合 | クライアントはより深いレベルの悩みを語り始め、気づかなかった自分を発見し、さらに回復のきっかけとなる「言葉」が語られることもある。 | 心の悩みはその人の基本的な生き方とつながっているため、悩みを自由に言語化し始めると、意識は自然と心の深いレベルへと入っていき、本人も気づかなかったことが言語化され、思いがけず問題解決へのきっかけが提示されることがあります。 |

次の事例のクライアントは、YSさん、四〇歳女性です。結婚して六年目、二歳年下の夫と二人で暮らしていて子どもはいません。二人ともそれぞれ仕事を持っています。相談申込書の「どんなことを相談したいですか?」という質問項目には、「不安発作で精神科のクリニックに通院中ですが、なかなかよくならないのでカウンセリングを並行して受けたい」と、几帳面な字で記入されていました。

最初は、口を挟んだ場合の事例(A)を紹介します。ここではカウンセラーは「傾聴の四つの禁止」を守れず、口を挟んでいます。四つの禁止とは、

①支持・承認の口を挟まない

②復唱・繰り返し・要約をしない

③明確化しない

④たとえ何か聴き取れないことがあっても、聞き返さない

でした。

以下、クライアントはYSさん、カウンセラーはCoです。

(A)口を挟んでしまった場合、クライアントの語る内容は表面的になる

**Co**　初めまして、カウンセラーのKです。不安発作で困っているとのことですね。どんな具合ですか？

**YS**　精神科のクリニックに通って薬をもらっていますが、なかなか治らないのです。発作は二年前から始まって、軽い発作は多いときは週に三、四回、重いのは月に一回くらいです。発作の時は息が苦しくなります、吐き気がします、何をしたらいいか分からなくなります。会社に行く途中で起こると、一度電車から降りて、駅の中を歩き回ったり、ベンチに腰掛けたりして、おさまるまで一〇分くらいかかります。空気が足りない感じになって恐くなります……（短い沈黙）。

**Co**　それは大変ですね。精神科の先生から何と言われているのですか？

**YS**　先生からはパニック障害と言われています。薬はその時は効くのですがもうだいぶ長くなってしまって、心理学を勉強している友人に話したら、薬も大切だけど、ちゃんとカウンセリングを受けたほうがいいよと言われて、それで来ました。きっかけは二年前に会社で倒れたことだったと思います。仕事中に目眩《めまい》がひどくなって、立っていられなくなって救急車で運ばれて入院しました。

いろいろ検査しましたけど、結局、はっきり分からなくて、先生からは、慢性の疲労状態が続いていて、おそらくその中で軽い狭心症の発作を起こしたのだろうと言われました。経過を見ることになりました。入院は二週間でした……。

**Co** それは重篤な病気ではなくて良かったですね。発作はその後からなんですね？

**YS** ええ、退院して、それからしばらくして通勤中に発作が出るようになったんです。仕事が忙しくて、仕事がたまって、自分はテキパキとできないからいつも遅くなってしまいます。上司が仕事をしない人で、私に仕事を回してくるんです。やらないと他のセクションの人に迷惑がかかるからと思って毎日残って仕事をしています。

上司と隣の席の同僚は時間になるとさっさと帰ってしまって、一人残ることが多いです。帰り際に上司から「YSさんは、精が出るね。頑張ってね」と言われます。先週、上司から取引先との会議を押しつけられました。「どうして私が出るの？　責任者じゃないのに」と思ったけど言えなかったです。会議で会社に都合の悪い約束でもしてきたら、お前のせいだと言われそうで心配です。どうして私にばかり……と思います。私は頼まれやすい性格なのか、軽く見られているのか、意地悪されているのか……（短い沈黙）。

**Co** YSさんは人がいいから、頼まれると断れないんですね。それは辛いですね。

**YS** ええ、でも、変な責任感があってやらないといけないと思って、頑張ってしまいます。私は忙しくても辛くても、頑張らないとダメと思います。自分のところばっかりに仕事が来るのが釈然としないけど……。仕事がたまってしまって、動けない。寝不足で出勤して体が辛い。もう離れたい。死にたいまでは行かないけど……。疲れてしまいました。早くお迎えが来ないかなと、ぼんやりと考えていることがあります。通勤の駅で電車が入ってくると、自分が飛び込みそうで危ないと思ってハッとすることがあるんです……。今朝もそんな気持に襲われました……。

**Co** それは大変ですね。辛いですね。仕事もずっと忙しいようですから、相当な疲労がたまっているのだと思います。主治医の先生に相談して診断書を書いてもらって、休んだらどうでしょうか。そして少し元気になったら、職場の環境調整をお願いできると思います。私も力になります。ですから、今は死にたい気持はあっても、そうしないでください。よくなりますから。

**YS** ええ、ありがとうございます。今度、クリニックの先生に相談してみます。……でも、休んだら仕事がたまってしまうし……周りに迷惑をかけてしまう……。

**Co** そんなことは心配しないでいいんですよ。病気で休むのですから、あとは会社にまかせればいいんですよ。そうしてください。必ずですよ。少し家で休んだらいいと思います。やっぱり疲れがたまっていると思います。

**ＹＳ**　そうですね。私って、やっぱりダメですね。自分の主張ができないんですね、弱いんです……。仕事もそうなんですけど、私、家でも主人にイライラしています。今朝も喧嘩をしてイライラして出てきました。二人とも仕事をしているので、普段はそれぞれ仕事に出ているからいいけど土日は一緒に居られないのです。

主人はテレビ見て、食べて、一日自分の好きなようにやっているのです。二人で働いているのだから、食事の片づけとお風呂掃除と庭の管理を分担して、それは自分でやると言ったのに、結局、やらないのです。眠れないと言いながら、遅くまでテレビを見ています。それでまたイライラしてしまいます。

今は同じ部屋で寝ているのですけれど、私が眠れないのに横でごそごそして……。もう別々の寝室にしようと言ったけど、それは嫌がる。私のことをなんでも面倒みてくれる母親だと思っている感じなのです。忙しい時でも、私が料理をしているのをただ待っているだけで手伝おうとはしない。私は家でも休めない……。

**Ｃｏ**　そういう男の人いますね。よく分かります。ＹＳさん、辛いですね。大変だと思います。家でも仕事でも疲れているんですね。やっぱり少し休みましょう。

**ＹＳ**　ええ、そうですね。ありがとうございます。でも、こんなことで休んでいいのかしら、と思ってしまいます。みんなもっと苦しくても頑張っているのに、私は頑張りが足りないのだと思います。だらしないです。だめです、もっとしっかりしないといけないです……。

**Co** そんなことないですよ。ＹＳさんは、よくやっていると思いますよ。でも、疲れがたまって限界なのでしょう。不安障害に加えてうつ病もあるのではないかと、私は思います。こんな時は、少し気持を入れ替えて休息をとる必要があると思います。

**YS** そうですね。やっぱり休んだほうがいいのでしょうか……。でも、眠れないんです。いろいろ考えてしまって……。

**Co** 眠れるように、薬のことも主治医の先生に相談してみたらいいですよ。

**YS** ええ、相談してみます……。

**Co** そうしてください。私も安心です。そろそろ時間になってきましたね。どうぞまた話にきてください。本当に大変だと思います。

**YS** ありがとうございました。いろいろアドバイスもいただきました。相談してみます……。頑張ってみます。

いかがでしょうか。

ごく普通のカウンセリングの会話と思うかも知れません。形だけ言えば、ＹＳさんの発言は一〇回です。カウンセラーの発言も一〇回です。この会話の印象を心に留めながら次の（B）傾聴できた場合を読んで比較してください。

（B）口を挟まずに傾聴できた場合、クライアントの語る内容が深化する

**Co** 初めまして。カウンセラーのKです。今日はどんな相談でおいでになりましたか？

**YS** 不安発作がでるのです。今も精神科のクリニックに通って薬をもらっています。発作は二年前から始まって、軽い発作は多いときは週に三、四回、重いのは月に一回くらいです。発作の時は息が苦しくなります、吐き気がします、何をしたらいいか分からなくなります。会社に行く途中で起こると、一度電車から降りて、駅の中を歩き回ったり、ベンチに腰掛けたりして、おさまるまで一〇分くらいかかります。空気が足りない感じになって恐くなります……（短い沈黙）……。

二年前に銀座を歩いている時に離人症がでました。急に周りの景色がモノクロになり、動きがスローモーションになりました。それを自分が斜め上から見ているのです。二、三〇分続きました。これと発作が関係あるのかどうか、分かりませんが、私の発作はク

リニックの先生からはパニック障害と言われて、薬をもらっています。薬はその時は効くのですがもうだいぶ長くなってしまって、心理学を勉強している友人に話したら、薬も大切だけど、ちゃんとカウンセリングを受けたほうがいいと言われて、それで来ました。

きっかけは二年前に会社で倒れたことだったように思います。仕事中に目眩《めまい》がひどくなって、立っていられなくなって救急車で運ばれて入院しました。いろいろ検査したけど、結局、はっきり分からなくて、先生からは、慢性の疲労状態が続いていて、おそらくその中で軽い狭心症の発作を起こしたのだろうと言われました。経過を見ることになりました。入院は二週間でした……(短い沈黙)。

入院中、まだ原因が分からず検査をしているとき、体が動かない、食事も摂る気になれず、じっとベッドの上で天井を見ていました。三日間くらい、自分は重い病気に罹《かか》ってもうダメなんだと考えていました。でも、その時、なにか「病気で倒れて助かった」とも思いました。不思議だけど、ああこれで終わりだ、よかった、という変な安堵の感じもあったのです。退院して、それからしばらくして、通勤中に発作が出るようになったんです。

仕事が忙しくて、仕事がたまって、自分はテキパキとできないからいつも遅くなってしまいます。上司が仕事をしない人で私に仕事を回してくるんです。やらないと他のセクションの人に迷惑がかかるからと思って毎日残って仕事をしています。上司と隣の席の同僚は時間になるとさっさと帰ってしまって、一人残ることが多いです。帰り際に上司から「YSさんは、精が出るね。頑張ってね」と言われます。

先週、上司から取引先との会議を押しつけられました。「どうして私が出るの？　責任者じゃないのに」と思ったけど言えなかったです。会議で会社に都合の悪い約束でもしてきたら、お前のせいだと言われそうで心配です。どうして私にばかりに……と思います。私は頼まれやすい性格なのか、軽く見られているのか、意地悪されているのか……（沈黙）。

ええ、でも、変な責任感があってやらないといけないと思って、頑張ってしまいます。私は忙しくても、辛くても頑張らないとダメと思います。自分のところばっかりに仕事が来るのが釈然としないけど……。仕事が積み上がってしまって、動けない。寝不足で出勤して体が辛い。もう離れたい。死にたいまでは行かないけど……。疲れてしまった。早くお迎えが来ないかなと、ぼんやりと考えていることがあります。通勤の駅で電車が入ってくると、自分が飛び込みそうで危ないと思って、ハッとすることがあるんです……。今朝もそんな気持に襲われました……。

でも、死んでしまいたいと思ったのは初めてではないんです。昔もありました。どうして自分はこんな思いをして生きているんだろうと考えます。そういう時はいつも耳鳴りがひどいのです。今、耳鳴りはだいぶ良くなったと思うけど、まだ一日の半分くらいはあります。やっぱり疲れている時とかに「キーン」と聞こえています。

先週、深夜ふと目が覚めて、急に不安になりました。そうしたら発作が起きそうになってしまって、このまま息が詰まって心臓が止まったらなどと恐くなってしまいました。分かっているんです。この発作は心臓や血圧じゃなくて精神的なストレス・緊張だって……、でも、血圧なんか測ってしまいました。血圧はもちろん正常でした。一人で苦笑いしました。そうしたら気持が何か切り替わって、それから眠れました。

**Co**　よかったですね。

（YSさんがにっこりと笑顔を見せる）

**YS**　仕事もそうなのですけど、私、家でも主人にイライラしています。今朝も喧嘩をしてイライラして出てきました。二人とも仕事をしているので、普段はそれぞれ仕事に出ているからいいけど、土日は一緒に居られない感じです。

主人はテレビ見て、食べて、一日自分の好きなようにやっています。二人で働いているのだから、食事の片づけとお風呂掃除と庭の管理を分担して、それは自分でやると言ったのに、結局、やらないのです。眠れないと言いながら、遅くまでテレビを見ています。それでまたイライラします。

今は同じ部屋で寝ているのですけれど、私が眠れないのに横で……ごそごそして……。もう別々の寝室にしようと言ったけど、それは嫌がる。私のことをなんでも面倒みてくれる母親だと思っている感じです。忙しい時でも、私が料理をしているのをただ待っているだけで手伝おうとはしない。私は家でも休めない……。

それは嫌だけど、私もそれに応えないといけないと思ってしまうところがあります。人に頼まれると断れない性格です。きちんとしないといけないと思います。でも、できなくて苦しくなります。小さい頃から頑張らないといけないと思ってやってきました。

このところずっと母と会っていないのですが、母は父と二人でA市（東北地方）に暮らしています。母は細かいことにこだわらない、くよくよしない人、さばさばしています。でも、小さい時はいつも母に叱られていました。冬の夜に外に出されたこともあります。母は父とは仲が悪くて、いつも喧嘩ばかりしていました。母は可哀想だな、と思います。あのさばさばした生き方は、母の精一杯の頑張りだと今は分かります。

会いたいと思うけど、でもこんなだらしない娘のまま会いに行きたくない。苦しくて……だめなんです。もういろんなことで疲れて……（涙）。うまく生きて行けないです。

疲れました……（涙）。

**Co**　そうですか、大変でしたね。そろそろ時間になってしまいましたね。お話を聞かせていただきました。小さい頃から、家の中で我慢して、ずっと緊張してきたのだと思います。それで対人関係で「きちんとやらなければ」というのがとても強く、それができなかったらどうしようという不安をいつもかかえているのだと思います。

ご自分が長くかかえてきた緊張と不安のもとを理解できるようになると、自然と不安が小さくなると思います。自己理解が進むと、自分に安心できるようになって、自己評価が上がるんです。そうしたら、不安もずっと小さくなります。不安発作も治ると思います。これからゆっくりいろいろなことを話して、気持をまとめていきましょう。よかったら、また来てください。

**YS**　ありがとうございました。たくさん話ができてよかったです。私とてもすっきりしました。楽になりました。また来ます。（YSさんは穏やかな笑顔を見せる）

**†黙って聴いてもらえると、知らない自分を発見できる**

（A）口を挟んでしまった場合と、（B）黙って傾聴できた場合との二つの事例を比較してみました。違いを強調して作ったところはありますが、実際に現場でもこのくらいの差ができます。

一番の違いは、クライアントの満足感です。

口を挟んでしまった（A）では、YSさんは「ありがとうございました。いろいろアドバイスもいただきました。相談してみます……。頑張ってみます」と言って終わっています。「頑張ってみます」の中にクライアントの緊張が読み取れます。頑張りきれなくなってパニック障害を発症して治療に訪れたのに、もう一度「頑張ってみます」と言わざるを得ないのは可哀想です。

一方、傾聴できた（B）では、「ありがとうございました。たくさん話ができてよかったです。私とてもすっきりしました。楽になりました。また来ます」と言って終わっています。心の緊張がゆるんだのが分かります。

聴き手が口を挟むと、話し手の内容はカウンセラーの質問や感想に応えるものに限定されてしまって、表面的になってしまいます。カウンセラー＝クライアント関係の中では、クライアントは自然とカウンセラーの意向に沿うように自分を語るので、極端に言えば、語られる内容はカウンセラーの興味の範囲を出ないのです。

一方、聴き手が口を挟まずにいると、クライアントがカウンセラーの意向に従うようなことは起こらず、自分の気持を自由に語るようになります。そうすると、本人でも予測がつかない思いがけないことを話したりします。

（B）では（A）には見られなかった内容、エピソードが語られています。

最初は、銀座を歩いていたときの「離人症」の体験です。YSさんは自分のパニック障害とこの「離人症」の体験が、どこかでつながっているように思っていたのかもしれません。普段はそんなこと考えたこともなかったのに、話しているうちに自然にでてきたのです。

二番目は、入院中に「病気で倒れて助かった」という内容です。カウンセラーが黙って聴いていたので、入院中のYSさんが一番強く印象に残ったことが語られたのです。これも、おそらくYSさん自身、語ろうとは思っていなかったエピソードだと思います。

そして三番目は、自宅で真夜中に目が覚めてパニック発作が起こるのではないかと不安になったエピソードです。そこでYSさんは血圧を測ってしまったと言います。「分かっているんです。この発作は心臓や血圧じゃなくて精神的なストレス・緊張だって……、でも、血圧なんか測ってしまいました。血圧はもちろん正常でした。一人で苦笑いしました。そうしたらそれから眠れました」と言っています。つまり、気持の持ちようで発作が起こらなかったという体験です。「苦笑い」が気持を変えたのです。実はこれはパニック障害の解決そのものです。

これからカウンセリング・セッションを続けていくと、この気持を切り替える体験が日常生活の中に定着してパニック障害の治癒をもたらします。この血圧測定のエピソードも（A）では語られていません。カウンセラーとの質疑応答のような会話の中では決して出てこない「解決の予告」なのです。

不思議だと思われるかもしれませんが、カウンセリングの最初の頃に、全体の解決を予期させるようなエピソードが語られることは、けっこうあるのです。

人が自由に自分を語れるようになると、心は自然により深いレベルへと降りていきます。日常生活ではあまり振り返ることのない「無意識」のレベルです。そこでは、自分では気がつかないいろいろなエピソードや言葉が互いにつながっています。それらが整理されて組織化されていき、最後には意識に上ってきて解決を準備するのです。これが、脳の自己組織化が起こるということです。傾聴がそれを促します。

自分が知らない自分を語ることは、一人ではできません。語るために相手が必要です。それも、口を挟まずに黙って聴いてくれる相手です。

これは筆者の想像ですが、座禅とか深い瞑想というものは、自分が知らない自分を知る方法で、相手を必要とせず一人でもそれができるのだと思います。

傾聴は自分が知らない自分を発見して、自分を作り直していく方法です。その最初の技術、口を挟まずに、ただ黙って聴くことは、カウンセリングによって人の生き方が変わっていくことにつながる核心となる技術です。

第三章

# 賛成して聴く

——悩みの本質を知れば、心から賛成して聴ける

## (1) 聴く技術は四つのステップで進む

### †聴く技術―四つのステップ

この本では、聴く技術を四つのステップに分けて紹介、説明していきます。その〈ステップ1〉は、第二章で述べた「黙って聴く」ことでした。ついで、この第三章では、〈ステップ2〉「賛成して聴く」ことを解説します。

ここで聴く技術、四つのステップ全部を紹介しておきたいと思います(表2-1)。四つのステップはカウンセラーに聴く技術を教える順番ですが、それはまたクライアントが回復していくステップとも一致します。

クライアントは黙って聴いてもらって初めて、日常生活から離れて自由に自分を語れるようになります〈ステップ1〉。自由に語り始めると、その人が日常生活ではあまり語ることのなかったエピソードや使ったことのない言葉が飛び出してきます。例えば、「忘れ

（表２－１）　聴く技術－四つのステップ

| 聴く技術 | 内容 |
|---|---|
| 〈ステップ１〉<br>黙って聴く | 黙って聴く三つの指針と、四つの禁止を守って聴く |
| 〈ステップ２〉<br>賛成して聴く | 悩みを分類（見立て）しながら、内容に賛成して聴く |
| 〈ステップ３〉<br>感情を聴く | 感情の階層を意識しながら、それに同調して聴く |
| 〈ステップ４〉<br>葛藤を聴く | 解決できない矛盾を聴いて、自己組織化の力を引き出す |

ていたけど、こんなことを思い出した」とか、「あの時に言われた言葉がひっかかっている」から始まって、「うまく言えないけど、何か納得できない気持」、「どこか気持が軽くなったけど理由は釈然としない」などです。

自由に語られている証拠です。

〈ステップ２〉は、話の内容に賛成して聴くということです。賛成して聴いてもらえると、クライアントは「ここの場では何を話しても許される」と安心して、さらに自由に語ることが加速されます。自分の中に新しい言葉を次々と見つけ出していきます。

ただし、聴き手のカウンセラーにとっては「黙って聴く」ことと同じくらいに、「賛成して聴く」は至難の業です。その難しさをこの章で説明します。

続く〈ステップ3〉は、「感情を聴く」(第四章)です。繊細な感情の動きを聴いてもらえると、クライアントは〈ステップ1〉、〈ステップ2〉で知らず知らずのうちに自分が発してきた新しい言葉の意味に気づきます。それらが互いに結びつくようになって深く納得します。言葉と感情がつながり、「腑に落ちる」のです。

そして最後の〈ステップ4〉「葛藤を聴く」(第五章)では、悩みを生み出している源である心の葛藤そのものに向き合えるようになります。人の悩みのすべてがそこから発しているることに気づきます。そして、クライアントの生き方が変わり、悩みが消えます。

## †口を挟んでしまうのは賛成できないから

さて、最初にカウンセラーに教えるのは〈ステップ1〉「黙って聴く」でした。しかし、この修得には一年くらいかかるとも述べました。

私は、一五年くらいスーパーヴィジョンを行ってきましたが、これまでのスーパーヴィジョンで〈ステップ1〉を教えた直後に、実際に口を挟まず「三つの聴く技術と四つの禁止」を実行できたカウンセラーは一人もいません。

意地悪なようですが、実は最初から「どうせできないだろう」ことを見こして〈ステップ1〉を教えているのです。その目的は、「つい口を挟んでしまう」ことを体験してもらいたいからです。これも意地悪ですが、一回ではなく二回、三回これを体験してもらいます。

それから、なぜ口を挟んでしまうのかを一緒に考えます。黙って聴けないのには理由があります。

何度も口を挟む失敗を繰り返して検討していくと、その理由がいくつか浮かんできます。その中で最も多いのが、「クライアントの話に賛成できないから」です。

その時に、〈ステップ2〉「賛成して聴く」を教えるのです。

## （2）賛成して聴けているか？

次にあげる例で、「ただ聴く」ことと「賛成して聴く」ことの違いを見てみましょう。

**†クライアントの生き方に反対**

クライアントはＳＳさん、三五歳の主婦でとても真面目で内気な人です。（Ｃｏはカウンセラーの発言です）

**ＳＳ**　パートの仕事をしています。毎日四、五人でランチをするのですが、私はその時間が辛いです。いつも一人だけ浮いているようで話の輪に入っていけないのです。誰も私に話しかけてもくれませんし、気まずくて緊張します。できれば、一人で外に出て公園のベンチでででもランチしたいです……。でも、つき合いもあるからなと思って一緒に食べています。

この話を昔からの友だちにしたら、「あなたはいつも黙っているからね。自分のこと話さないから、周りの人は何を考えているのか分からないのよ」、「いったいあなたはどう思っているの?」って言いたくなることもあるわよって……そう言われました。その友だちも私に時々イライラするって言っていました……。(SSさんは沈黙して下を向いてしまいました)

**Co**　そうですか。大変ですね。でも、そんなこと言われてもね。「自分は自分でいい」と思っていたらいいですよ。周りのことなんかあまり気にしないで、マイペース、マイペースでやっていったらいいと思います。

**SS**　そうですね。でも、私、それができないのです。だめですね。

ここでカウンセラーは助言してしまっています。SSさんが沈黙して下を向いてしまった時、カウンセラーは耐えきれずに口を挟んだのです。

SSさんは人と「一緒にランチをするのが気まずくて辛い」と訴えているのに対して、カウンセラーは「そんなこと気にするな」と言っています。一見、SSさんを励ましているようですが、SSさんの訴えを否定しているのです。

つまり、「人と一緒にいるのが気まずい」と言っているSSさんに対して「そんなことで悩まないで、マイペースでやったらいい」という助言は、「そんな小さなことで悩んでいるあなたは、だらしない、自信なさ過ぎ！」というメッセージです。受け取ったSSさんは、「でも、私、それができないのです。だめですね」と返しています。否定されて、自分を責めています。これは傾聴ではありません。

おそらく、カウンセラーはSSさんの訴えを聴いていて自分が辛くなってしまったのでしょう。「そういうことってあるよね、でも、そんなことで悩んでいたら人生やっていけないよ、気にしないで進むしかない」。これがカウンセラーの意見（＝人生観）でしょう。SSさんの生き方に反対です。そして、つい口を挟んで助言してしまったのです。

カウンセラーが余計な口を挟んでしまう時、その理由を探っていくと、この事例のように「内容に賛成できない」というのがほとんどです。クライアントの考え方や生き方に賛成できない、聴いているのが辛い、イライラしてしまう……だから口を挟んでしまう。

自分が口を挟んでしまった理由が分かって、カウンセラーはひどく落ち込んでしまいます。〈ステップ1〉が実行できなかった、それだけでなく、実は自分がクライアントの話を否定していた……と。これは、傾聴修行の最初の関門です。

関門にぶつかることは重要です。関門があれば、聴く力は深まります。これについては後ほどまた述べましょう。その前に、もしカウンセラーがSSさんの訴えを賛成して聴いていたらどう反応するかを、見ておきましょう。

## †賛成する気持は相手に伝わる

以下、同じ設定での会話です。

**SS**　パートの仕事をしています。毎日四、五人でランチをするのですが、私はその時間が辛いです。いつも一人だけ浮いているようで話の輪に入っていけないのです。誰も私に話しかけてもくれませんし、気まずくて緊張します。できれば、一人で外に出て公園のベンチででもランチしたいです……。でも、つき合いもあるからなと思って一緒に食べています。

この話を昔からの友だちにしたら、「あなたはいつも黙っているからね。自分のこと話さないから、周りの人は何を考えているのか分からないのよ」、「いったいあなたはどう思っているの？」って言いたくなることもあるわよって……そう言われました。その友だちも私に時々イライラするって言っていました……。（SSさんは沈黙して下を向いてしまいました）

**Co**　そうですか。（心の中で：私にも似たような気まずい経験があります）

**SS**　そう友だちに言われて、私、考えたんです。どうして自分はいつも受身で黙ってしまうのかって……考えてみれば、私って昔からずっとそうでした……。（続く）

もちろん、カウンセラーの「（私にも似たような気まずい経験があります）」は心の中で思うだけで言葉には出しません。しかし、この気持は暗黙のうちにSSさんに伝わり、「分かってもらえた＝賛成してもらえた」と感じるはずです。

大切なのは、カウンセラーに賛成してもらったSSさんが自分の悩みに正面から向かい合い始めたことです。それはSSさんが「どうして自分はいつも受身で黙ってしまうのか」と語り始めたことです。おそらく「受身の生き方」は、SSさんが長い間かかえてきた悩みの核心でしょう。こうしてカウンセリングが進展しています。

一方、賛成してもらえなかったSSさんは自分を責めてしまい、カウンセリングは深まりませんでした。

さて、カウンセラーの最初の関門に戻りましょう。

## †口を挟んでしまったら、どうしたらいいか

黙って聴けず、口を挟んでしまったのは、相手に賛成できていなかったからだと気づいたカウンセラーはひどく落ち込みます。もう聴くプロとしては失格だとさえ思います。私は落ち込む姿も見て、「しめしめ、いいぞ。それだけ落ち込んだら聴くプロとして成長するぞ、頑張れ！」と心の中で応援します。もちろん、口には出しません。

落ちこみを自覚できたカウンセラーに、私は問題の対処法を教えます。

対処法は二つです。

①対症療法は、落ち込んで、諦めること。そして、聴けなくなった瞬間を自覚できるようになること。

②根本療法は、悩みの本質を分類すること。そして、解決策を予想できるようになること。

## †対処法①　聴くのを諦める

諦めるというのは、「ああ自分は傾聴できない、だめなカウンセラーだ」と落ち込んだまま、クライアントの話を聴くことです。

対症療法と書きましたが、重要な技術です。ぜひ、マスターしてもらいたいです。なぜなら、カウンセラーはいろいろな話にいつも賛成して聴けるとは限らないからです。そんな時に、この技術をマスターしていると、自分が聴けなくなる瞬間を受容できるようになります。「ああ、この話、聴くのが辛い、ついて行けない、ダメだ」と自覚して、何か言いたくなるかも知れないけど「心して黙っていよう」と思えるからです。そう思えるようになったらカウンセラー合格です。

諦める技術をマスターすると、クライアントに同情のあまり前のめりになっている時も、それを自覚できるようになります。賛成し過ぎることも、口を挟んでしまうことにつながります。「そうよね、その気持、分かる、分かる！」と言いたくなってしまうのです。賛成できていないにせよ、賛成しすぎているにせよ、冷静な気持で聴けなくなっている自分を自覚し、「傾聴できない」と思えるのは、「諦めること」を知っているからこそです。

### †愚痴も言い尽くせたら、楽になる

カウンセリングは毎回毎回、新しい発見があって先に進んでいくわけではありません。ある時期、クライアントの心の動きが止まってしまって「愚痴をこぼし続ける」時期があります。カウンセラーはそこでも、傾聴できるか否かを試されます。

諦めることができると、カウンセラーは愚痴を聴けるようになります。

クライアント側から言えば、愚痴を言い尽くせるようになります。

愚痴をこぼすというのは、言ってもしかたがないことを何度も繰り返し言い続けて嘆くことです。何の生産性もない愚かな行為と理解されていますが、傾聴という視点から考えるとそんなことはありません。愚痴も言い尽くすとすっきりしますし、愚痴を言い尽くすと人は変わります。もちろん言い尽くすには、聴き尽くしてくれる人が必要ですが。

事例をあげて考えてみましょう。

クライアントは三八歳の男性ＫＢさん、一人暮らしの会社員です。ある日のカウンセリングです。うつむいたままやって来て、受付では挨拶もせずに予約カードを出してそのまま待合室に座っていました。時間になって相談室に入ってくると、しばらく下を向いて黙っていましたが、次のように話し始めました。

**ＫＢ**　やっぱり落ち込んでいます。毎日、うつです。まったく辛いです、うまくいかないです。なんとかしようとするのですが、結局、いいことはありません。仕事はクソみたいな仕事で、窓際に追いやられた人がやるような在庫管理の部署です。そこの上司がだめな上司で、全然仕事のこと分かっていないんです。だめですよ。在庫管理の仕方、変えたほうがいいと提案しているのですが、今までのやり方があるからと言うんです。まったく非効率なんです。

以前も、新しい管理の仕方を提案したことがあるんですが、取り合ってもらえませんでした。こんな会社じゃ先がないです。自分もやっていけないし、辞めたいですね、かといって、辞めたら生活していけないから、毎日、出勤するしかないのですが、それだってあまり意味がないと思います。もちろん仕事をしていますよ、こなしてはいますよ、でも、こんなことやっていて何か意味があるのかと思うことの方が多いです。

倉庫の在庫管理、相棒と二人の職場です。やることがない職場で暇です。やる気がなくなります。その相棒がサボってスマホを見ているんです。「おい、さっさとやれ！」と言うと動きますが、気がつくとまた見てる。そんなことやっていて実際に品物が回らなくなると営業から文句を言われるのは自分なんです。僕が部署の責任者じゃないんですが、言われるんです。上司に相棒がサボって動かないと訴えても、「分かった、分かった、あいつは確かにのろいからな」とか言うだけで、分かったふりだけです。

それなのに人事評価では、自分の評価をその上司が下している。ひどいと思います。結局、伝票がくれば、やらないといけないから自分がやっています。伝票だってコンピユータ化すれば間違いがなくなって早いのに、しない。「すみません、これ急いでください」と言われると、「はい、はい、分かりました」と自分は頭を下げて笑顔を返しているんです。

暇な職場なのに定時で仕事が終わるのは稀で、結局、毎日一時間くらい遅くなる。だったら午後の時間のあるときにやっておけば良かったと考えるんですが、その時はやる気がなくて落ち込んでいて、やっていない。

家に帰ると疲れ切っています。首から肩がガチガチで痛いです。頭痛もひどくなっています。

マッサージにいくと、「すごいね、体中がカチカチですね」と言われて、「ゆっくりお風呂に浸かったら、体がほぐれて痛みが取れるよ」と教えてくれるのです。でもダメです。首から肩はいつもガチガチです。なんとか眠れるのですが、朝が一番辛い。起きた時が一番体が痛いです。仕事に行かなければと思うのですけど、気持は重くて動きません。朝は気持が悪くて食欲がないので、そのまま出社します……。

なんでこんな自分になってしまったのかって、先生は「自分に厳しくしなければならない家庭環境で育ってきたからで、真面目すぎるせいだ」と言うけど、確かにそうだと思うけど、今さら過去のことを言っても始まらないし、正直、あんな家族じゃなかったらと思うけれど、どうしようもないでしょ、今さら……と思っています。辛いです。もう気持がずっと落ち込んでいます。なんで、こんな仕事をしているのだろうと思います……。

こんな話が延々三〇分、四〇分と続きます。月一回のペースで行っているカウンセリングですが、ここ数カ月毎回同じ内容で、進展はありません。

しかし、カウンセリングが終わって帰るときのKBさんの顔を見ると、いくぶん緊張が解けているようです。来た時はまったく無口だった人が、帰り際は受付で次の予約を取りながら、事務の女性となにやら楽しそうに話をしています。肩こりも、少しは緩んでいるかもしれません。

人は愚痴であっても、それを言い尽くせば気持は楽になるのです。

## (3) 賛成できなくなった時の対処法は、悩みを分類すること

### †対処法② 悩みの本質を分類する

しかし、そうであっても毎回、毎回、こんな内容を聴かされていては嫌になってしまいます。カウンセラーもやがてはイライラしてしまうでしょう。最初は我慢できていても、いつしか、どこかで口を挟んでしまうはずです。

そんな時の「聴き方」の本質的な解決は、第二の対処法の「②根本療法」です。

そこでは悩みの本質を分類します。今、目の前で愚痴を言い続けているKBさんの悩みの本質は何かを分析し、その解決法を予測してみます。するとカウンセラーは、「愚痴を言い尽くす時期」がこの人にとっては大切な時間だと分かります。

ちなみに、KBさんは上記のセッションのあと、ほぼ半年くらいで愚痴を言い尽くしたようです。そして、約半年後にカウンセラーに次のようなことを報告してくれました。いつの間にか愚痴の垂れ流しは終わっていたのです。

## †愚痴を言い尽くしたKBさんの変化

**KB**　結局、いつもいつも僕は文句ばかり言って生きてきたんですね。文句を言いながらというか、実際は誰にも文句を言わず、自分の中だけで文句をかかえてきた。それが分かりました。ここに来て先生に聴いてもらったら、自分が貯め込んできた文句がわかりました。

文句を貯めて貯めて、でも誰にも言わないから、それが詰まって体はいつもパンパン、それで首と肩、体全体がガチガチになっていたって、これ笑えますよね。自分のこと笑えたら肩こりが楽になりました。

先生がいつか説明してくれた通り、小さい頃から父親に首根っこをつかまれてきたからですね。首根っこ、肩こりガチガチ、文句いっぱい、パンパン、でも言えずに我慢でまたガチガチっていうことでした（笑）。……「アクセス」（データベースのソフト）で簡単な在庫管理のプログラムを作って上司にこれ使っていいですか、って許可もらって、使い始めています。

仕事が楽になったし、面白くなってます。スマホいじってばかりの同僚も「アクセス」ってどうやって作るんですか、とか聞いてきます。「自分で勉強しろ」って言ってスマホで勉強する方法を教えてあげたら、かえってスマホに向かう時間がふえちゃいましたが……。

傾聴がきちんとできるためには、クライアントの悩みを理解していないとなりません。クライアントの悩みの本質は何か、その解決へと向かうステップの中で、今、どこにいるのか、という理解です。もし、KBさんが愚痴ばかりをこぼし始めた頃に、KBさんの悩みの本質、つまり、父親との関係で小さい頃から気持を我慢してきたことが理解できていたら、数カ月後のKBさんの解決が予想できていたでしょう。

カウンセラーは、愚痴を聴き遂げるのが楽しみになったはずです。「おお、いいね、今日も愚痴だね、頑張れ！　たくさん、たくさん愚痴を語って、貯まった文句を全部出してしまえ！」などと思いながら、傾聴できるのです。

「傾聴」と「悩みの理解」は、切っても切り離せない関係にあります。

クライアントの悩みが理解できなければ、傾聴はただの我慢になって、カウンセラーも辛くなります。一方、悩みの本質が理解できれば、傾聴は楽にできるようになるし、興味津々になります。傾聴がより深いレベルでできるようになるでしょう。そして、深いレベルで傾聴ができれば、クライアントの悩みの理解もさらにより深いレベルへと到達します。

## （4）人生の悩みを、大きく四つに分類する

### †悩みの解決策を予測する

前節で述べたように、クライアントの話が聴けなくなるのは、

1　相手の話に賛成できないからで、

それは、

2　語られる悩みの解決策が見えないから、

です。

映画やテレビドラマは、それがアクションやロマンでも、あるいはシリアスな社会的テーマであっても、主人公かナレーターが悩みを提示し、それが最後には解決されていきます。この先どんな解決にいたるのか、視聴者はだいたい予測しています。「耐えに耐えているけど、最後は一発逆転してすっきり」とか、ハッピーエンドが相場ですが、だからこそ、途中でどんな暗く辛い場面があっても「娯楽として」見ていられるのです。

カウンセリングも、これと同じです。悩みが提示され、それが解決されていく過程を予測できれば、カウンセラーはイライラしないで、じっくりと腰をすえてクライアントの話を傾聴できるのです。悩みを理解しその解決の予測を持てることが、クライアントの話を「賛成して聴ける」ための必須条件です。

そのためには悩みをきちんと分類できて、それぞれにどんな解決策があるのかを知っていなければなりません。悩みの種類と解決策のパターンはドラマ、劇、映画、小説で無数に表現されていますが、心の本質的な動きでそれをみると分類が可能です。

人の悩みは、大きく四つに分類できます。

## †人の悩みの四つの分類

1 人が恐い
2 自分を責める
3 人とうまくつき合えない
4 死ぬのが恐い

これが人の悩みの、大きな四つです。

そして、この四つの悩みには共通の構造があります。つまり、人が悩むときは必ず、

A　こうしたい、こうすべきだけれど、

B　そうできないので、悩み苦しむ、

という構造を取ります。Aは、理想とする生き方・望んでいる生き方です。Bは、実際の生活の中でそうできなくて悩んでいる気持です。AとBの対立構造が、人の悩みの本質です。

**表3**に悩みの四つの分類と構造（AとB）を掲げました。Xには、解決方法、つまり解決のヒント（予想）を、Yには、悩みが深刻になった時の病気や問題を記入してあります。

四つの悩みを順番に説明していきましょう。

### †1　人が恐い（あらゆる人と社会に不安・緊張を感じてしまう）という悩み

「人と仲良くやっていきたい」、「仲良くすべき」、「人に認められたい」は誰しも望むことです。あるいは人生そうありたいという共通の願いであり、皆が互いに合意している生き方（規範）でしょう。

（表3）　人の悩みの四つの分類

| | A 望んでいる生き方／理想 | B Aがうまくできない時の感情・悩み | X 課題と解決方法 | Y 悩みが深刻化した時の病気や問題 |
|---|---|---|---|---|
| 1 人や社会が恐い（慢性の不安・緊張） | 人と仲良く、一緒に生きていく | あらゆる人や社会が恐い／過剰に緊張して疲れる | 人を信じられるようになる | 反応性愛着障害／社会不安／引きこもり／反復性うつ病 |
| 2 自分を責める（自責感と抑うつ） | 前向きな気持で頑張って生きる | 自分は頑張れない／抑うつ／イライラ | 真面目すぎる生き方を少し緩めて、自己評価を上げる | 成人期のうつ病／パニック障害 |
| 3 人とうまくつき合えない（対人関係） | 親・子・他人と良好な関係を保つ | 人とうまくやっていけない／どう振る舞ったらいいかわからず、緊張する | 本音を言える、人に甘えられるようになる／父母性の獲得 | 夫婦の対立／子育て問題／子の不登校・引きこもり |
| 4 死ぬのが恐い | 生きていることの幸せ／存在感 | 死・孤独が恐い／生きている意味がない | 生きる意味を考える／人生全体の相対化 | PTSD（心的外傷後ストレス障害）／喪の仕事(mourning work)／哲学や宗教の問題 |

しかし、この望みが叶えられずに、人や社会が恐くなってしまうというのが「1人が恐い」悩みです。相手が友だちであっても、後輩や上司であっても、恋人であっても、あるいは小さな子どもであっても緊張してしまいます。「小さな子どもは何をするか予想がつかないので一番恐い」と、語っていた人がいました。

以下、三五歳の女性のEEさん、独身、会社員の事例です。

**EE** 不安です。いつも誰かと一緒にいないといけないと思うのですが、その相手にも気をつかってしまいます。仕事の後、体操の教室（ジム）に通っています。友だちのNさんといつも二人で行っていますが、昨日はNさんが都合がつかず休むと連絡をくれたので、私も気後れして休んでしまいました。もしかしてNさんにも嫌われたかと、不安になりました。

ジムで体操でペアになる時を考えると、全くの他人と組むのは嫌だと思ってしまいました。緊張してしまいます。人と話さないのはいいことじゃないけど、避けられるのなら、避けてしまいたいです。考えてみれば、いつも誰かに守ってもらいたかった、誰かの後ろに隠れて、気づかれないように横から顔を出していた人生だったです。

私、幼稚園の子どもが苦手です。Nさん、幼稚園の先生なんです。それで彼女の職場に行くことがあるのですが、そこで子どもたちが近寄ってくると、どうしていいか分からず緊張してしまいます。

それから、私、外で人と食事をとるのが苦手です。特に、取引先の人とビジネスランチをするのは恐いです。異常に緊張してしまって食べ物が喉を通りません。仕事だからと無理やりに飲み込みます。そして、ランチが終わると決まってお腹を壊してしまいます。内科では「過敏性腸症候群」と診断されています……。

これを聴いていて、悩みの分類を知らないカウンセラーは「三五歳にもなって一人でジムにも行けないのか、他人と食事もできないのか、子どももあやせないのか、だらしない」と思うかもしれません。

しかし、悩みの分類を知っているカウンセラーは、「1 人・社会が恐い（慢性の不安・緊張）」に分類される悩みだと理解します。この悩みに分類される人は、小さい頃から辛い経験をして慢性の緊張をかかえてきた人です。例えば、生まれた直後に母親を亡くして養子に出されたとか、養護施設で育った、小さい時に虐待を受けたことがあるとか、です。

そう理解すると、ＥＥさんの悩みによりそい、賛成して聴けるようになると思います。

もう一つ例をあげましょう。今度は小学校二年生の女の子、ＦＦちゃんです。

学校に行きたくないと、母親にだだをこねています。母親は「何を言っているの、馬鹿なことを言わずにちゃんと学校に通いなさい！」と厳しい言葉で叱っています。しばらくして女の子は黙ってしまい、とぼとぼと学校に向かって歩き始めました。母親が恐くて甘えられないようです。彼女は、学校という「社会」に入っていくのにひどく緊張するのです。同級生や先生が恐いのです。

三五歳の女性会社員EEさんと、小学校二年生の女の子FFちゃんの悩みは共通です。あらゆる人が恐いのです。一般には愛着障害と言われるもので、正確には「反応性愛着障害」とか「脱抑制型対人交流障害」と診断されます。これらはもともとは子どもの診断名ですが、三五歳の女性にも当てはまります。

おそらくEEさんも、小さい頃はFFちゃんと同じような境遇だったのでしょう。この悩みの解決は二人に共通して、人に対する「愛着関係」（ボウルビィ）や「基本的信頼」（エリクソン）、「鏡転移」（コフート）を取り戻すことです。小学校二年生であれば、「先生は恐くない、話せば分かってくれる人、優しい人も（世の中には）いるんだ」を体験できればいいでしょう。

三五歳の会社員であれば「自分は小さい頃からずっと孤独で人が恐かった、人に分かってもらいたかった」と自己理解が進むと、解決の方向が見えてくるはずです。

## †2 自分を責めてしまう悩み（自責感と抑うつ）という悩み

自分を責めてしまう悩み、「もっと頑張らないといけないのに頑張れない。自分はダメだ」と落ち込んでしまう悩みです。これは人がかかえている悩みの中で一番多いものです。「1 人や社会が恐い」悩みを持っている人は、数は少ないですが深刻です。一方、「2 自分を責める」悩みは、おそらく小さいものまで含めれば、ほとんどの人がかかえている悩みです。

毎日、頑張って仕事をしている人、頑張って子育てをしている人、頑張って生きている人はみんなこの悩みをかかえています。普通は、そこそこの悩みですので、自分を叱咤激励することは頑張りのエネルギーにもなっています。一日の最後に、「十分じゃなかったけど、まあ今日も頑張れたかな」と思えるくらいが、ちょうどいいかもしれません。

しかし、この自責感が強く深刻になると、次第に気持が暗くなり、自信を失って、気力も萎えて、最後には「うつ病」になってしまいます。そうなると専門家の治療を受けないといけません。うつ病は精神的な疲れが原因ですから、休めば治るのですが、もともと強く自分を責めているので、うつ病になってもなかなか休めません。これがうつ病の辛さです。

解決法は、自分を許せること、自分の生真面目な生き方を緩めて、少し「だらしない自分」になることです。これは自分に対する評価基準を変えて、自己評価を高めることでもあります。しかし、実際はなかなか難しいですね。悩みをじっくりと聴いてもらえると、自己評価を高めるヒントが見つかります。

### †3　人とうまくつき合えない（対人関係がぎくしゃくする）という悩み

これは「1　人や社会が恐い（不安・緊張）」に似ていますが、異なる悩みです。極端に言えば、「1　人や社会が恐い」はあらゆる人が恐くて、学校や会社に入っていけない人です。不登校や引きこもりになってしまうこともありますし、頑張って社会に入っていっても、いつも過剰な緊張をかかえてギリギリで生きています。

一方、「3　人とうまくつき合えない」人は、学校や会社には通っていて生活も表面上は安定しています。毎日の楽しみも持っています。しかし、人との関係が安定せず、いつも心の中がギクシャクしている人です。

ビジネスランチで、何を食べたかも思い出せず、終わった後に下痢をしてしまうのは「1　人や社会が恐い」です。一方、ランチの後、料理は美味しかったけど、相手と会話がうまくできたかどうか悩んでしまう人が「3　人とうまくつき合えない」です。

表面上は社会にうまく適応できているので、精神科やカウンセラーを訪れることはあまりありません。しかし、日常の会話の中で語られる悩みとしては多いと思います。悩みの重症度で分けると、「1　人が恐い」＞「2　自分を責める」＞「3　人とうまくつき合えない」の順になります。

ただし、この悩みを抱えていると、家庭内でそれが大きな困難を引き起こすことがあります。夫婦間の不和や離婚問題、さらに子どもに影響が及ぶと子育て問題（不登校や引きこもり、家庭内暴力）です。私は子どもの不登校や引きこもり、家庭内暴力の相談を受けた場合、親の「3　人とうまくつき合えない」悩みを解決することで治療します。

事例を提示しましょう。

会社の女子会で、AさんとBさんが話しています。上司であるG部長についての会話です。それを聞いていたCさんが途中から加わってきます。

**A**　G部長、職場では真面目できちんと仕事するし、おとなしい人だけど、お酒飲むと人が変わるよね。ぜんぜん口数多くなってくる。

**B**　そうそう、急に偉そうになって自説を言い始める。聞いているといつもの真面目で無口な人が、ああ、こんなこと考えていたんだってちょっとびっくり、こないだもK-POPの人気グループについて話し始めた。すごく詳しいの……俺ってこんなことも知ってんだぞって感じで、自慢たらたらだった。でも、いつものG部長と違うよね、あれって。

**A** 慣れないとあの変わりようにびっくりしてしまうよね。何か家庭の問題とかさ、それなりに言えない悩みかかえているのかもね。

**C** わかる、でも本人は結構気にしている。去年の忘年会の後、会社の中でしきりに「ちょっと飲み過ぎちゃったかな、しゃべり過ぎたかな」と聞きまくっていて、いつもと違っていた。それからかなり落ち込んでいたみたい。飲むと、「俺、俺」って言ってくるの、あんまり子どもっぽいので、まあ可愛いっていえばそうかもね。

**B** そうかな、私、可愛いって感じしない。「なによそれ、いい歳して!」って思っちゃう。

Gさんは、真面目できちんとした上司で、仕事の上では信頼もされているようですが、人づきあいにちょっと問題あり、ということでしょうか。本人は飲んだ翌日に「飲みすぎで、話しすぎた、失敗した、いつも調子に乗ってしまって……」と相当悩んでいる様子です。

これが、「3 人とうまくつき合えない」悩みです。

解決するには、Gさんが職場でもっとフランクになって、自分の中の子どもらしい本音の部分を素直に出せるようになることです。例えば、「ああ、これって失敗だよな、まずい、社長にばれたら減給だ……」など、軽口を叩くような場面があればOKです。そうすれば、職場と飲み会との人格のギャップがなくなって、部下の女性たちからもっと信頼されて、かつ、愛される上司になるでしょう。

交流分析（TA）のエゴグラム用語で説明すれば、どんな人間でももっている子どもっぽい本音の部分、自由であそび心のある気持「フリー・チャイルド」（FC：Free Child）の部分をもう少し使えればいいのです。Gさんは生真面目な大人の部分の「アダルト」（A：Adult）が強すぎて、子どもになれないのです。

G部長のような人は、家庭内では、子どもに一方的に接したり、厳しくしたりするので、子が緊張します。これが深刻になると、前に述べたように不登校や非行の問題が起こることもあります。女性社員のAさんが言うように、「（G部長は）何か家庭の問題とかさ、それなりに言えない悩みかかえているのかもね」というコメントは鋭い指摘かもしれません。

Gさんは、誰かに気持を聴いてもらうことで、A（真面目な大人）とFC（自由な子ども）のバランスが取れるようになる可能性があります。

### †4　死ぬのが恐いという悩み

誰しもかかえている悩みです。しかし、これが日常生活の中で問題になることはまずありません。生活の中では（ほとんどの場合）、私たちは死を忘れています。

問題になるのは、癌で余命を告知された時とか、大切な人を失った時（喪の仕事：mourning work）や、大災害・事件に遭って死の恐怖に直面した後（PTSD：心的外傷後ストレス障害）などです。また、歳を取って死が近づいてくる時にもこの問題が意識に上ってきますが、それは穏やかにやってきます。

突然のできごとで大切なパートナーを失った人が、あなたにその苦しみ、悲しみを話し出したとき、あなたは口を挟むことなく静かに聴き遂げることができるでしょう。この問題の深刻さを、あなたはよく理解できるからです。「賛成」はあっても、この悩みに「反対」はありません。

## (5) 悩みの四分類ができると、「事件」を予感できるようになる

**†悩みは四つのうちのどれか一つ**

日常生活の中では二つ以上の悩みが重なり合うこともありますが、その悩みを掘り下げていくと、四つのうちのどれか一つになります。1と3が表面上は似ているように見えても実際は異なる悩みであるように、深いレベルでは四つの悩みに重複はありません。

もし、今あなたが深く悩んでいるとすれば、それは上記のどれか一つに分類されるのです。

さて、数カ月にわたって仕事と体調不良の愚痴を言い尽くしたKBさん（71ページ）の場合、彼の悩みは「3　人とうまくつき合えない（対人関係でぎくしゃく）」であったわけです。特に父親との問題を引きずっていることが分かりました。その上で、彼の愚痴の内容をみると、上司＝父親、会社＝父親が重なります。

上司や会社の仕事のやり方に不満を持ち、自分の方が正しいと思っているのですが、し

かし、上司から仕事を指示されると、「『はい、はい、分かりました』と自分は頭を下げて笑顔を返しているんです……」と言うKBさんは、おそらく小さい頃から父親の理不尽な要求に我慢して従ってきたのでしょう。家族問題、特に父子関係の傷つきを引きずっていたのです。

彼が愚痴をこぼし始めた時、カウンセラーが悩みを分類して「3 人とうまくつき合えない」悩み、特に父親との関係がありそうと推測できていれば、傾聴は楽になります。それだけでなく、愚痴がどう変化していくのか、その経過が楽しみにもなるでしょう。これが「賛成して聴く」ことです。

「3 人とうまくつき合えない」悩みの具体的な解決策は、KBさんの場合、「アクセス(データベースのソフト)で簡単な在庫管理のプログラムを作って上司に」提案することだったのですが、それはそれまでのKBさんの生き方、対人関係から考えたら、予想もできなかったことです。

そういう意味で、解決にいたる突然の「事件」が起きたのです。小さい頃からずっと父親から言われっぱなしだった子が、上司(=父親)に仕事の提案をして受け入れられたのです。KBさんにとって、人生を変えるような大きな事件です。

## †解決のきっかけとなる「事件」は、必ず起きる

悩みが分類できても、カウンセラーは、悩みの解決となる具体的な「事件」までは予測がつかないでしょう。しかし、カウンセリングが進んで心が整理できたら、何かそれに類することが「起きそうだ」と期待できるわけです。実際、カウンセリングのある局面で、必ず何か「事件」が起こります。

悩みは体系的です。心が精密に組織化されているからです。だから、心の深いレベルまで聴けるようになると、自然と賛成できるようになるし、賛成して聴くとさらに深いレベルの話が出てきて、これもまた自然と新しい心の組織化が起こります。その自己組織化する力が「事件」を引き起こすのです。

さて、悩みの分類ができると、理解はKBさんの家族関係全体にまで広がっていきます。父親はいつも彼に厳しい態度で、一方的に子どもに接する人でした。おそらくKBさんの父親は、「3人とうまくつき合えない」悩みを抱えていたのだろうと推測できます。また、父親がKBさんに厳しく当たっていた時、母親はどんな態度をとっていたのか、KBさんに味方してくれたのか、慰めてくれたのか、父親をいさめたのか、あるいは夫に何も言えない妻だったのか、とても気になってきます。

彼の仕事場、在庫管理の現場には女性はいないようですが、もし、近くに女性がいれば、

その女性に対する彼の気持を見る（＝感情を聴く）と、母親との関係が推測できそうです。

おそらくこの先、ＫＢさん自らがそれを語り、彼が育ってきた家族（原家族）全体の「悩み」の心理的な配置（Constellation）が見えてくることでしょう。悩みは家族成員の間でも、互いにつながっているのです。同じように、世代間のつながりが見えてくることもあります。

## （6）「賛成して聴く」と「応援して聴く」との違い

これから悩みの分類表に沿って、簡単な例を検討してみましょう。

また同時に、話の内容に賛成しすぎて「応援」になってはいけないことも学びます。

### †悩みを四つのどれかに分類してみよう

例えば、「成績が悪い」とか「体重が減らない」とか「給料が上がらない」というようなごく日常的な「悩み」があります。それらを簡単に分析すると、次のようになります。

「成績が悪い」と悩んでいる中学一年生の男の子がいるとします。

「どうしてそんなに悩むの？　あなたより成績の悪い子もたくさんいるけど、元気にやっているじゃない」と素直な気持を聞いたら、彼は「学年で一〇番以内に入らないと、お母さんに叱られてしまうんだ」と言いました。これが、彼が「成績が悪い」と悩む本当の理由です。したがって、彼の悩みは、四つのうちの「3　人とうまくつき合えない（対人関係でぎくしゃく)」に分類され、彼の年齢から考えると思春期問題、特に母親との関係に悩んでいると理解できます。

すると、これはKBさんの悩みと同じ構造を持っているので、その解決もまた似たような「事件」によって引き起こされるはずです。つまり母親との関係が変わるきっかけです。思春期ですので、どんなことが起こるのでしょうか。いろいろ予想して期待できますね。KBさんは大人(成人期の心理)ですので、仕事で在庫管理プログラムを提案して上司との関係を変えましたが、中学生は何をして母親との関係を変えていくか、です。いろいろ想像してみてください。

さて、同じ「成績が悪い」という悩みで、今度は高校三年生の男子です。大学受験で悩んでいます。

彼のお母さんはとても優しく、遅くまで机に向かっていると「頑張ってね」とコーヒーとお菓子を持ってきてくれます。彼の悩みは成績が今ひとつ伸びないことです。彼はどうしても一流大学に入りたいのです。

経済的に苦しい母子家庭で育ったので、母親を楽にしてあげたいという強い気持がありますが、学費が高い私立大学は無理です。いい大学に入って、いい仕事につくことが彼の願いです。目標とするのは国立大です。もっと頑張らないといけません。しかし、できない自分に時々、落ち込んでしまいます。

この悩みは「2　自分を責める（自責感と抑うつ）」悩みに分類されます。目標を決めたのに頑張れない自分、結果を出せない自分に悩んでいたのです。

こんな高校三年生を、カウンセラーは応援したくなります。

## †応援して聴いてはいけない

しかし、気をつけなければなりません。応援する気持が強くなると、傾聴できなくなります。

「賛成して聴く」と「応援して聴く」とは違います。応援されると、おそらく高校三年生は辛くなるでしょう。本当は弱音も吐きたいのに、応援されるとそれができなくなるからです。クライアントが自由に語れなくなったら、「黙って聴く」という傾聴の本来の目的が壊れてしまいます。

「賛成して聴く」とは、〝悩みに賛成する〟ということ、つまり悩んでいる内容を否定しないで肯定することです。だから、話し手の悩みが揺れて、「もう一度、勉強を頑張るぞ！」と決心してもそれを聴けるし、あるいは、「もうだめだ、頑張れない」と言っても聴けるのです。悩みの中にあるいろんな方向の心の動きをそのまま認めて聴くこと、そういう心の動きを語っているクライアントの生き方全体に賛成することです。

一方、「応援して聴く」というのは、心の動きのある方向（ここでは頑張って勉強するという方向）だけに賛成して、そうでない方向（弱音を吐いたり、目標を断念する方向）には賛成できないという聴き方です。聴き手が「応援して聴く」と、話し手の心は固まってしまって動きません。頑張る方向にだけ固定されるからです。

そして、悩みを解決してくれるような思いがけない「事件」は起こらなくなってしまいます。なぜなら、応援していれば、結果は大学に「合格する」か、「落ちる」か、だけです。それは「事件」ではありません。心の成長、拡大は起こらないのです。

一方、賛成して聴いていると、合格しても不合格であっても心は成長するし、あるいは目標の達成がいよいよ難しくなれば何か代案を生み出せるはずです。

### †深いレベルの悩みには賛成せざるを得なくなる

賛成して聴く、これには悩みの深いレベルを理解しないとできません。そして、心の悩みは深いレベルで理解すればするほど、その悩みに賛成せざるを得なくなります。

四つの悩みレベルで一番深いものは、「4　死ぬのが恐い」という悩みです。この説明のところで、突然の出来事でパートナーを失った人のことを書きました。同じように、癌を告知された人が緩和ケア病棟やホスピスで死の恐怖を語る時、誰しも襟を正して、それを神妙に聴き遂げようとするでしょう。「4　死ぬのが恐い」は、生きている限り、誰にとっても一番深いレベルの悩みです。誰しも神妙になります。こういった場合に、「4　死ぬのが恐い」に賛成しない人はいないはずです。

悩みの深さの順に並べると、「4　死ぬのが恐い」＞「1　人が恐い」＞「2　自分を責める」＞「3　人とうまくつき合えない」の順番になります。比較的に浅い悩みほど、賛成して聴くことがむずかしいのではないでしょうか。

第四章

# 感情を聴く

## ——深いレベルに流れる感情を聴くと、心がつながる

## （1）聴く技術〈ステップ3〉流れている感情を聴く

### †自由に話せるようになると感情が深くなる

カウンセリングの最初の頃、クライアントは自分の経歴のメモを作ってきたり、話すことのリストをあらかじめ用意したりして来ることがあります。しかし、二回目、三回目になるとそれも自然となくなって、来る道すがら「今日はこれとこれを話そう」と思って来院するくらいになります。そのうち、話そうと思っていたことは話すのですが、途中からは準備していたこととは違うことを話し始めます。それは、思いもかけず口から飛び出してくる感じです。

「あれっ、こんなこと話そうと思っていなかったのですが……」と言う人もいます。あるいは、「私って用意してきたこととは違うことを話している。準備してきたのと違う……」とか、「そう言えば、今、思い出したんですけど……」と言って新しい話が始まることもあります。カウンセリングの中で、クライアントが安心して気持を自由に語れるようになったのです。

「自由に話してくれているな」と感じると、カウンセラーが傾聴するのも楽になります。

ここまで来ると、「黙って聴く」つまり、

「クライアントが話し始めたら、1　絶対に、口を挟まないで、2　絶対に、質問しないで、3　絶対に、助言をしないで、話し終わるまでただ静かに聴く」

が実行できたことになります。

「黙って聴く」と「賛成して聴く」が、完成したのです。

## ✝口を挟まずに聴くのはカウンセリングの七〇%

さて、本書の読者の中にはカウンセラーの方も多いと思いますので、ここで少しだけ横道にそれて、カウンセリングの方法について話をさせていただきます。

カウンセラーはただ黙って聴くだけで何も話さないのかといえば、そうではありません。もちろん一番重要なのは傾聴ですから、一回のセッションが五〇分であれば、その開始から七〇%くらいまでの時間は〝ただ黙って〟聴きます。つまり三五分間は口を挟まずに、「黙って聴く」と「賛成して聴く」技術をフルに活用するのです。そして、セッションの残りの一五分になる頃、カウンセラーは口を開きます。

そこでどんなことを言うかは腕の見せどころなのですが、まずは「辛い話を聴かせていただきました。○○で大変だったのですね。すごく悩んできたこと、とても頑張ってきたことがよく分かりました」など、話していただいた「内容に賛成」です、と感想を返します。そして、話の背景で確かめておきたいこと、特に原家族（その人が生まれ育ってきた家族）のことを質問したりします。

それから、一番重要なことでかつ経験と技術を要すること、すなわち、現時点でのカウンセリングの進捗《しんちょく》具合を評価して、その段階に見合った質問をします。

その目的は、現在のカウンセリングの進行段階をより確かなものとし、次の段階へスムーズに進めるようにすることです。そのために、①語られた「言葉」をいくつか取り上げて内容を確認したり、質問や解説をしたりします。また、②まだはっきりとした「言葉」になっていない「感情」を取り上げて同じように確認、質問、解説をします。クライアントとカウンセラーの間でディスカッションが行われるのです。

例えば、知人、家族、親について語られた言葉・感情・気持を取り上げて、その内容を確認し、質問し、解説します。これによってクライアントは自分の変化に気づけるようになり、それを何度か行うと自分が進んでいる方向がはっきりと見えてきます。

どういう言葉・感情・気持にフォーカスするかは、カウンセリングの進行段階によって決まってきます。進行段階を評価するために用いるのが、この章で学ぶ「感情を聴く」技術です。つまり、カウンセリングが現在、どこまで進んでいるかは、語られる感情の内容で評価するのです。

カウンセリングが進み、その方向が見えてくると、上記のやり取りが活発になります。すると、傾聴とディスカッションの周期が短くなってきて、「一〇分の傾聴と一〇分のディスカッション、さらに一〇分の傾聴と続く一〇分のディスカッション」というようにやり取りが連続して、心の解決が加速されることもあります。

## †「きれいな」感情の流れはより深い心の動きを表現している

カウンセリング・スーパーヴィジョン（カウンセラーの教育）で、生徒のカウンセラーが逐語録を持って来ます。

それを読んで、①カウンセラーが口を挟んでいないこと、②クライアントの話が「きれいに流れている」こと＝カウンセラーが賛成して聴けていること、が確かめられると、私は「よく聴けているね、このまま続けていくといいよ」とカウンセラーを励ますようにします。

そして、聴く技術の〈ステップ3〉へ進むのです。

(表2－2）　聴く技術ー四つのステップと目的

| 聴く技術 | 内容 | 目的 |
|---|---|---|
| 〈ステップ1〉黙って聴く | 黙って聴く三つの技術と、四つの禁止を守って聴く | クライアントが安心して、自由に自分を語れるようになる |
| 〈ステップ2〉賛成して聴く | 悩みを分類（見立て）しながら、内容に賛成して聴く | |
| 〈ステップ3〉感情を聴く | 感情の階層を意識しながら、それに同調して聴く | カウンセリングの進展具合を評価し、ディスカッションでそれを確認していく |
| 〈ステップ4〉葛藤を聴く | 解決できない矛盾を聴き遂げて、自己組織化の力を引き出す | 解決を予測しながら、語り尽くし、聴き尽くす |

振り返ってみましょう。聴く技術は全部で四ステップでした。第三章でこの四ステップを**表2-1**に示しました。ここではそこに項目を一つ追加したものを**表2-2**として示します。追加した項目は、各ステップの目的です。

逐語録の評価で、クライアントの話が「きれいに流れている」ことが確かめられる、と書きましたが、クライアントが自由に語り始めて、カウンセラーがそれを邪魔しなくなると、感情は「きれいに流れ」ます。

「きれいに」という意味は、①表現される言葉と感情に矛盾がなく、②感情の前後関係に意味の整合性があって、途切れていないということです。

①で、逆に「きれいに流れていない」とは、言葉では「頑張っています」と前向きなことを言っていても、感情は誰か他人か、あるいは自分への

怒りを表現している場合などです。②で「きれい」とは、冷静に語っていた感情がある言葉をきっかけに怒りに変わったり、悲しみに沈んだりしますが、その変化の前後で意味がつながっていることです。

例をあげてその変化を追っていきましょう。

### †中学生の息子の問題で悩む母親の心の変化

クライアントは三七歳の主婦、ARさん。中学生の息子の思春期問題で、私のもとへ相談に来ています。息子は、学校をサボったり夜遅くまで遊び回ったりしていて、学校から親が呼び出されたことはもちろん、一度は「深夜（未成年が）たむろしていた」と警察から注意を受けたこともありました。

ARさんが何か注意しようものなら、息子は怒りだして物を投げたり壊したりします。悩みの分類では、思春期に関連した母子の親子関係ですので、「3　人とうまくつき合えない」悩みに分類されます。

思春期問題が非行や引きこもりといった大きな混乱を引き起こしている場合、その原因は①親の子育てが厳しすぎたか、あるいは②甘やかしたように見えて実は過干渉して子どもを振り回してしまったか、のどちらかです。いずれも、子どもの自主性をつぶしてしまったことが共通です。ARさんの場合、この前者であったようです。

カウンセリング（家族相談）で、ARさんは息子の不満をしばらく語っていましたが、そのあと、自分の子育てが厳しすぎたかもしれないと考えるようになりました。そして、相談が始まって三カ月ほど経った頃、以下に示す七回目のセッションで問題の解決が見えてきました。


**AR-7**　ここのところ息子はまあまあ学校に通っています。夜遊びも以前と比べたら減ってきました。ここで助言をもらった通りに息子とのコミュニケーションを増やしたら、落ち着いてきたんです。やっぱり私の子育ての仕方、少し厳し過ぎたかなと最近は反省しています……。だらしない、もっとしっかりしなさい、我慢が足りないと叱ってきましたが……。

先月、ここのカウンセリングの翌日でした、息子がまた暴れて、「いちいちうるせえんだよ、クソババァ！」と怒鳴ってきました。その時、私はああ、またか、と思いましたが、（ああそうだな、私、口うるさかったな）という思いが浮かんで、思いがけず「そうだよね、お母さん、うるさかったよね」と口から出たんです。

息子は一瞬きょとんとした感じでしたが、「そうだよ、分かればいいんだよ！」と捨て台詞を吐いて自分の部屋に入っていきました。それからなんです、息子が落ち着いてきたのは。

最近は、自分自身の思春期ってどうだったんだろう、と子どもの頃の母との関係を思い返すことが多くなりました。

（と、ここまではARさんは穏やかな口調で最近の様子を報告し、息子との関係が変化してきたことを喜んでいました。話は途切れることなく続いています。聴き手のカウンセラーは口を挟んでいません）

先日、久しぶりに田舎の母に電話をしたら、いきなり「あんた、ちゃんと旦那さんの面倒みているの！」と言ってきました。母っていつもそうなんです……私の話も聞かないで一方的に言ってくるんです……それから自分のことばかり話し始めて、私がどういう用件で電話をかけたのかって聞いてこないのです。私、イライラしてきました……。

（この部分でクライアントに怒りが出てきました。その後、しばらくは小さい頃の母親の思い出が語られましたが、その背景に流れる感情は怒りと不満です）

……でも、母は父のことでずっと苦労してきたんです。父はアル中（アルコール依存症）でした、酔っ払ってよく夫婦喧嘩して、そのうち父が激昂して暴力です。台所の隅にうずくまっている母を殴っているのを見たことがありました。父は歳をとってからは体を壊して、母はその介護で……父は死ぬまで母に迷惑をかけていました。父親が死んだ時、母親はなにかホッとした顔を見せていたような気がします……。（ARさんは涙を流す）

この言葉を境に、クライアントの怒りの感情が悲しみに変わります。トーンが変わり、母親をいたわるような、その人生と自分の人生を憐れむような話が続きます。

## †感情の流れが「きれい」とはどういうことか

このセッションでは、言葉と感情の流れが「きれいに」つながっています。きれいにつながっているということは、繰り返しますが、第一に、感情が詰まっていないことです。怒りならば怒りでその感情を自分で抑えつけようとしたりしていない、言葉の表現と感情に矛盾がなく素直だということです。第二に、きちんとした意味があって感情が流れているということです。詳しく見ていきましょう。

（1）喜びの感情　セッションの最初は、息子との対立関係に大きな変化があったという報告から始まります。ARさんが思わず息子に発した言葉「そうだよね、お母さん、うるさかったよね」は、悩みが解決に向かうきっかけを与える「事件」です。長年の母子の対立（葛藤）が解け始めた瞬間です。今後、母－息子関係がどうなっていくのか、気になりますが、カウンセラーは黙って聴いています。すると、ARさんの心は一気に深いレベルへと向かっていきます。

（2）怒りの感情　カウンセラーに嬉しい報告ができて、ARさんの気持は一段落です。そこで「先日、久しぶりに田舎の母に電話をしたら」といきなり自分自身の母子関係＝母－娘関係を語り始めました。一見、突然の話題の転換かと思われますが、二つの話は心の深いレベルでつながっています。電話は、長く鬱積していた母親への思い、我慢していた怒りの表現でした。

目の前の息子との母子関係（これを〈母子関係－現在〉としましょう）は、深いレベルでARさんとその母親との母子関係〈母子関係－過去〉とつながっています。なぜなら、〈母子関係－過去〉＝母－娘が、その後の〈母子関係－現在〉母－息子に大きな影響を与えているからです。〈母子関係－過去〉で子どもとして親への怒りを我慢してきたARさんは、厳しい幼少期を過ごしました。だから、〈母子関係－現在〉で息子に対して厳しいしつけをして、息子に我慢を強いてしまったのも無理はありません。

息子との間で〈母子関係－現在〉が改善の方向に向かった瞬間に、ARさんの思いは自分が受けてきた〈母子関係－過去〉へと向かったのです。これも、当然の「きれいな」流れで、つながっています。息子との対立が解けて、息子への怒りが静まると、今度は封印されていたARさんの過去の怒りが甦ったのです。電話での会話内容です。ARさんがすごいのは、その後、母親への怒りが、一気に悲しみの感情に変化していったことです。

(3)悲しみの感情　自分の母への怒りが表現された後、ARさんは自分の生まれ育ってきた家族(=原家族と言います)がかかえてきた困難と不幸、そしてその中で子育てをしてきた母親の苦労に思いを寄せて、悲しみの感情が湧いてきました。

息子の思春期問題の緊張・不安と頑張り↓怒りの表現と解決↓悲しみの表現と、流れはきれいです。心は精密に組織化されています。

### †感情を聴けると傾聴は安定する

「感情を聴く」とは、心のより深いレベルで言葉を聴くということです。

傾聴できている、つまり、口を挟んで邪魔をしていないで賛成して聴いていると、感情が「きれいに」流れます。

スーパーヴィジョンの時、カウンセラーが持ってきた逐語録を読んでいると、言葉と感情の流れが断絶していることがあります。そこを指摘して、私がカウンセラーに質問します。

「ここで流れが途切れて、感情が変わっているけど、もしかして何か記録が抜けていませんか?」と。

「ええと……ああ、思い出しました、私、そこで質問していました。『どうしてそう思ったの?』って聞いたと思います」

カウンセラーが口を挟むとクライアントの発言が変わり、感情の流れが不自然に途切れます。他の部分がきれいに流れているので、そこだけが目立つのです。この時のカウンセラーは、かなり優秀な人でした。その一カ所以外は、とてもよく傾聴できています。しかし、そこで口を挟んでしまったのには理由があるはずです。何か気になることがあったのでしょう。それを明らかにするのがスーパーヴィジョンの目的です。

クライアントの感情の流れが見えてくると、傾聴はさらに安定します。カウンセラーはその自然な流れを壊したくないと感じるので、口を挟みたくなくなるのです。

## (2) 話し手と聴き手の感情は同期する

### †二人の感情が共通の「場」を作る

「場」(field) というのは物理学の概念で、磁場とか電場、あるいは重力場というように使います。二つの磁石が近くにあれば二つの磁場が互いに影響し合って、一つの磁場を作りあげます。小学校のころの実験でやったように磁石の周りに鉄粉を置くと「場」が見えます。近くで見れば二つの場が融合していますが、遠くから見れば一つの場です。

心も同じで、二人の人間が近くにいて気持を通い合わせれば、共通の「場」が出来上がります。その場は「感情の場」です。話し手の感情は聴き手に伝わり、受けた聴き手の感情も折り返して話し手に伝わって共通の場ができあがります。クライアントが怒りを表現していれば、カウンセラーも怒りを感じるでしょう。喜びを語っていれば、カウンセラーも明るい気持になってきます。

話し手と聴き手の感情は、同期するのです。これは、日常の会話の中では当たり前のことです。辛い話をしていれば、空気は重くなって話し手も聴き手も沈み込みます。また、にこやかに楽しい話をしてくれたら、その場も明るくなるでしょう。

しかし、ことカウンセリングの場面になると、感情が同期するということについてあまり話題にされることはありません。どうしてかというと、多くの心理療法理論がカウンセラー（＝治療者）がクライアント（＝患者）に、一方通行で施術するというような関係を前提に組み立てられているからです。カウンセラーが神様でクライアントが普通の人間ならば、そういうこともあるでしょうが、互いに普通の人間ですからこれには無理がありま
す。

### †「転移」と「逆転移」は同時に起こる

精神心理療法・精神分析の分野で「転移」、「逆転移」と言われる現象があります。転移とは、「感情転移」とも言われて、クライアントがカウンセラーに好意を抱いて愛情の気持を向けたり、逆に、敵対的になって怒りを向けたりすることです。特に、向ける感情が強く、ある期間にわたって持続している場合に「転移」と呼びます。

逆転移とは、この逆で、カウンセラーがクライアントに愛情を向けたり、嫌悪の気持を持ったりすることを言います。

例えば、クライアントがカウンセラーを父親のように思って自分の胸の内を語り続ける、そんな関係が続くと、「転移」が起こっていると言います。逆に、カウンセラーはクライアントを自分の息子のように感じて、優しく世話を焼くように熱心に耳を傾けているとすれば、逆転移も起きています。転移・逆転移の現象はクライアントとカウンセラーの深い交流を意味しているので、それが起こること自体は治療に有効だと言われています。

さて、先に述べた「感情は同期する」という事実からすると、転移が起きていれば、ほぼ同時に逆転移も起きています。女性のクライアントから恋愛感情を向けられたら、男性のカウンセラーはうれしく感じるはずです。これは自然な現象です。

## †自分の感情を聴けていると「転移」が分かる

ここで大切なのは、カウンセラーが自分の感情の流れを自覚できているかどうか、別の言い方では、自分の感情を聴けているか、自分の感情の動きをモニターできているか、です。

もし、自分の感情を聴けなくなっていたら、そこでカウンセリングの効果は止まってしまいます。つまり、傾聴ができなくなっています。

例えば、前の章であげた「成績が悪い」と悩んでいる母子家庭の高校三年男子は、苦労したお母さんのためにいい大学に入りたいと頑張っています。その話を聴いていた年配の女性カウンセラーは、高校生を応援したくなります。しかし、応援してしまったら傾聴ができなくなると説明しました。

この例で言えば、応援を始めた時に逆転移（カウンセラーからクライアントへの強い感情）と転移（クライアントからカウンセラーへの強い感情）が成立してしまうので、傾聴ができなくなってしまうのです。「応援する」とは、実は「逆転移」が起きた時の現象だったのです。

別の例です。クライアントが熱心に話を聴いてくれる異性のカウンセラーにとても感謝して、いつしか恋愛感情に近い好意を向け始めます。それを感じてカウンセラーも心温まり、うれしく思うでしょう。自然なことです。しかし、ここでカウンセラーが自分の感情の動きを自覚できていないと、カウンセラーは「心地よい気持」のままに留まってしまいます。無自覚であるが故に、心地よさを維持しようとします。

それを感じたクライアントは、これも無自覚のまま同じ感情を向け続けることになります。話し手と聴き手は同じ感情の「場」を維持しようとするのです。その期間が長くなると、精神分析で言う「転移」と「逆転移」が固定してしまって、やはり、カウンセリングの進展は止まります。

こういう場合、もしカウンセラーがきちんと自分の感情を聴けていれば、事態は避けられるでしょう。どうなるかというと、最初、カウンセラーはクライアントから恋愛のような好意を寄せられていることを自覚して、「うれしいな」と思います。自分はそれを喜んでいる、と自覚でき、それはよかったなと思います。

そうすると、クライアントも自分の好意を受け止めてもらえたと感じ、「よかった、伝わった」と思えて安堵します。こうして、互いに相手の好意的な感情を自覚して理解します。すると、カウンセラーもクライアントも満足して、それぞれの好意には固執しなくなります。「場」は和み、安心して次の話題に進んでいけるのです。再び傾聴が続きます。

**自分の感情を自覚する**

クライアントの感情の流れを聴き、同時に、それに呼応しているカウンセラー自身の感情の流れも聴く、これが、「感情を聴く」の極意です。

さて、このように感情の流れを聴けるようになると、もうあと一歩で無意識が見えるところまできたと言っていいでしょう。心が回復するのは、まだ言語化されていない、無意識のレベルから始まる「自己組織化」の力だ、と本書の冒頭に述べました。聴く技術は第四の最も高いレベルに入っていきます。

しかし、それには次の第五章までもう少しお待ちください。
その前に、感情の階層について勉強して、準備をしておきましょう。

## (2) 感情の階層は、「不安－抑うつ－怒り－恐怖－悲しみ－喜び」の順に構成されている

### †最後は「喜び」で終わる感情の六つの流れ

語られる感情には、六つの階層があります（表4）。

カウンセリングの進行とともに、感情はこの順番で語られていきます。そして、五番目の「悲しみと諦めの感情」のあと、最後に来るのは、喜びの感情です。

カウンセラーは傾聴の中で、今、クライアントの心を占めている感情は何かを聴きます。それは六つのうちのどれかです。感情は言葉よりも広く、深く、強いものです。語られている言葉の背景に、感情を聴きます。

言葉の背景にある感情を聴くことは、カウンセリングにかぎらず日常の会話でも役に立ちます。例えば、言葉ではあなたのことを褒めていても、その背景に怒りに近いネガティブな感情があるとすれば、それは賞賛ではなくて、妬みや皮肉になります。これを自覚的に行うと「褒め殺し」です。

（表４）　感情の六つの階層

| 傾聴で進む感情の階層 | 回復の経過 |
| --- | --- |
| レベル１　不安と頑張り | 相談は現実の不安の表現から始まり、 |
| レベル２　抑うつ | 頑張れない自分を責めて、人生を振り返り、 |
| レベル３　怒り | そんな生き方をしてきた自分に怒り、 |
| レベル４　恐怖 | 自覚されない恐怖を見て、 |
| レベル５　悲しみと諦め | 悲しみの中で、古い生き方を捨てると、 |
| レベル６　喜び | 喜びの中で、人は新しく生き始める。 |

また、とても悲しい出来事があってそれを言葉にしている人がいます。しかし、じっくりと耳を澄ましていると、その背景に苦しみから解放されたような安堵を聴き分けられることがあります。悲しいだけでなく、一つの苦しみが終わったのだなと納得できます。

ある小学校で、子どもの発達障害について講演を行った時のことです。講演後の質疑応答で二年生の担任から相談を受けました。「ある生徒が授業中に後ろの席の子に頻繁に話しかけたり、それを注意すると教室から出て行ってしまったりする。困っている。ＡＤＨＤ（注意欠陥多動性障害という発達障害の一つ）の子だろうか、もしそうだったらどう対処したらいいか」という質問でした。

「困っている」と言っていましたが、その背景には授業を邪魔する生徒への怒りがありました。「困っている」と言われると、困っている→自分が担任として対処できない→力が及ばない→助言が欲しい、と質問者の気持を推測しがちですが、それは感じられませんでした。

このような場合、質問の通りにＡＤＨＤの子どもへの対処法を助言しても解決にはなりません。事態を整理する必要があります。そこで私は、生徒の言動やその時の教室の様子を詳しく聞き取りました。担任の先生は生徒の行動、発した言葉、他の生徒の反応を詳しく描写してくれました。

この聞き取りの過程で質問者の最初の怒りは収まり、事態を冷静に理解しようとする気持に切り替わったようです。担任＝指導者としての心のポジションを取り戻せたのです。私は、生徒の問題行動はＡＤＨＤが原因ではなくて、心理的な理由から生じたものだと分かったので、それを説明して対処方法を助言しました。担任の先生は、納得されてホッと安堵した表情を見せてくれました。

これはカウンセリングではありませんが、怒りと不安の感情から始まり、冷静な気持を取り戻し、最後には安堵へといたった流れでした。

私は、専門家としていろいろな人たちから相談を受けます。相談の直接の内容とは別に、その人が困っているのか（不安）、自分を責めているのか（抑うつ）、イライラしているのか（怒り）、などの感情を聴き取ります。そうして、相談内容への助言とは別に相談者の感情を受け取ったというメッセージ、例えば、「それは不安でしょう」などを返すようにもしています。すると、相談者の納得感が増すように思います。

### †「理性と言葉」と「感情と言葉」との関係

さて、**表4**の「感情の六つの階層」の話を続けます。

カウンセリングの中で表現される感情は、表の順番通り1から6へと進んでいきます。6にいたったとき、カウンセリングは終了です。

ここで、言葉と感情について考えておきましょう。

言葉は感情が生まれて後、社会的な表現、すなわち人に伝わるような表現を見出したときに発せられるものです。美しい森の景色を見て「ああ、きれい……」と言葉にするとき、隣に人がいても、あるいは誰もいなくて独り言であっても、それは社会的な表現です。逆に言うと、人（や自分自身）に説明できない感情、伝わらない感情は言葉として表現されません。

美しい森の景色を見て、「ああ、きれい……」と感じたけど、同時に「何かそれとは違うものを感じる……重くて動かないもの、暗くはないけど、これはなんだろう」などと思ったら、それは簡単には言葉にはできないでしょう。カウンセリングの場では、おもに「人について」の感情が語られますが、日常生活では言語化されない感情、社会の中では容易には伝わらないような感情が自覚され、語られていきます。

理性と感情との関係について考えます。

理性は言葉です。深いレベルの感情は言葉にしにくい気持です。

社会的な場面では、理性が感情よりも優先されなければなりません。いくら怒りを感じても、いきなり相手に文句を言ってはいけません。まずは、理性的な手続きを考えるべきでしょう。争いごとや困ったことを理性で処理出来るように（全部ではありませんが）社会のルールは構成されています。法律や規則、暗黙の約束事である道徳や倫理です。

一方、カウンセリングの場面では、理性（言葉）よりも（深いレベルの）感情が優先されます。なぜかというと、カウンセリングという作業は、理性（言葉＝社会的なルール）にしたがって悩みを解決しようと四苦八苦してきたけど、うまくいかない時に始まるものだからです。

悩みが続いて先が見えない時、人は「自分を変えたい」と思い、カウンセリングにやって来ます。しかし、その過程で「変えたい」と思っていたのは「自分」ではなくて、自分が信じて従ってきた「生き方＝ルール」だと気づきます。もう自分が知っている理性（古い言葉＝古いルール）では、どうしても解決がつかない。だから、新しい言葉（新しい理性＝新しいルール）を見つけなければなりません。そのヒントになるのが心の深いレベルの感情なのです。

### †息子の問題に悩む母親の感情は「不安と頑張り」

この第四章の冒頭であげた三七歳の主婦、ARさんについてもう一度見てみましょう。

ARさんの悩みは、中学生の息子の思春期問題でした。

息子は、学校をサボって夜遅くまで遊び回っています。ARさんが注意しようものなら、怒りだして物を投げたり壊したりします。家の中の壁やドアには、彼があけた穴がいくつか残っています。いわゆる「家庭内暴力」です。カウンセリングが始まった頃、ARさんがスマホで撮った写真を見せてくれました。居間と廊下の間のドアには、みごとに一発で貫通させたであろう穴が開いていました。その穴を、おそらくベニヤ板で補修した写真も出てきました。

ARさんが「どうしたらいいでしょうか」と聞くので、私はあえて「今は、臨時の補修でいいですよ」と答えました。ドアの補修に引っ掛けて、息子さんへの対処法も「取りあえず今のままでいい」というメッセージです。ARさんは少しホッとしたようでした。この助言は、ARさんの抱えている不安という感情への助言です。
冒頭では、カウンセリングの中でARさんが見つけた親子問題の解決を説明しました。それはカウンセリングセッションの七回目で、「思いがけず『そうだよね、お母さん、うるさかったよね』と口から出た」ことがきっかけとなったことでした。ここでは時間を巻き戻してその解決へといたる経過をもう一度見直していきましょう。ARさんのカウンセリング、その二回目に戻ります。

**AR**-2　先週、学校から呼び出されました。息子が夜までゲームセンターをうろついていて警察から連絡があったとのことでした。友だちと三人、交番まで連れて行かれて学校名を聞かれたというのです。今回は注意だけで済んだようですが……担任の先生は授業をサボったりしていることはあるけど、校内では目立った悪さはしていないと言っていました。家に帰って息子に問いただしたら、『はあ？　うるせえんだよ！』と怒鳴って、ダイニングのテーブルを蹴って部屋に行ってしまいました。テーブルの上にあったコップが落ちて割れました。
前回、（このクリニックで）先生から『思春期、反抗期の問題です。そんなに心配はしなくてもいいですけど、でも、内容はとても激しいものの一つです』と説明されました。

こんなに激しくなってしまったのは、私の子育てが間違っていたのでしょうか。いろんな本を読みました。親の過干渉とかが原因と書いてありました……。

ARさんは、自分の子育てを振り返り、警察沙汰まで起こしてしまった息子の思春期問題を悩んでいます。自分を責めたり、息子を叱ったり、激しい言い合いになることもあります。何とか問題を解決しようと四苦八苦です。

上記に紹介したのは二回目のセッションの一部ですが、その前の一回目と、続く三回目までのセッションでは同じような訴えが続きます。その期間中、ARさんが話し続ける言葉の背景にある感情は「1　不安と頑張り」の感情でした。これは三回のセッションを通じてずっと変わりません。もちろん息子への怒りも表現されていますが、中心的な感情ではありません。

担任の先生に呼び出されたり、息子をなんとかしようと叱ったり、なだめたり、喧嘩になったり、そして、ついには家族相談のカウンセリングまで足を運んで、ARさんは問題を解決しようと「頑張って」います。しかし、うまくいきません。このままでは家庭が壊れてしまうかもしれないし、人様に迷惑を掛けて本当に警察に捕まってしまうかもしれません。ARさんはとても「不安」です。

人の相談・訴えはほとんどの場合、「1　不安と頑張り」の感情で始まります。カウンセリングの場合は、一〇〇％です。

これを知っているだけで、聴き手は話を聴きやすくなるでしょう。感情を見れば、傾聴が深くなるのです。しかし、話し手の感情に同調して聴き遂げるには、聴き手の力量が問われます。前に述べた「転移」と「逆転移」のように、聴き手自身が自分の感情を把握できていないと、不安や怒りの感情に巻き込まれて自分を見失ってしまうこともあるからです。覚悟を決めて「1　不安と頑張り」の感情を聴き遂げようと自覚できれば、カウンセリングはうまく進んでいくでしょう。

**†「抑うつの感情」から「怒りの感情」へ**

続く四回目、五回目のセッションでARさんの主要な感情は、「2　抑うつの感情」と「3　怒りの感情」とが入り交じったものに変わって行きます。

五回目を次に示します。

**AR-5**　一時、息子の状態は落ち着いていてよかったのですが、その後はまた、うまく行きません。息子のいい加減な態度を見ていると、どうしても私がイライラしてしまうのです。それで、いけないなと分かっていても我慢できなくなって口だしすると……またバトルです。うまくいかないです。どうして私はこうなのでしょう。

先生は「私が自分に厳しくてすごく真面目に生きてきたから、息子のいい加減さが許せないのです」と言ってくれました。私ってそんなに真面目に生きてきたのでしょうか。確かに、余裕はなかったです。息子が小さい頃、私は必死でした。夢中でした。

……友だちからもARって、いつもすごいきちんと子育てしているよねと言われていました。それから、私はいつも友だちの話の聞き役をしてきたように思います。それが私の真面目すぎるところなのでしょうか。

でも、それは私にとっては当たり前のことでした。……なんでこんなことになってしまったのか。……。

私は真面目な自分が嫌いになることがあります。もっと自由で、もっといい加減でいいのじゃないか、自分をそんなに縛りつけないで「はっちゃけて」しまってもいいか、なんて思うことがあります。

どうせ一度きりの人生ですよね、こんなことは家族には申し訳なくて言えませんけど、夫のため、息子のためにだけ生きているのはもう嫌だ、みたいな気持があって、でも……今はなんとか頑張って息子を立ち直らせたいです。

語られている内容は息子の思春期問題ではなく、ARさん自身の内面が多くなってきました。語り口は静かになって、感情のトーンは「2　抑うつの感情」が中心です。

ARさんは、これまでの生き方に自信を失っています。自分を責めています。自分を責める＝抑うつです。どんな人でも自分を責め続けると、気持が落ちこんできます。逆に、落ちこんでいると感じたら、それはどこかで自分を責めているからです。責めている内容に気づけるようになると、抑うつ感情から抜け出すヒントが見つかります。

さて、上記の五回目のセッションでは、ARさんの怒りは表現されていませんが、「2　抑うつの感情」のすぐ下には必ず「3　怒りの感情」があります。

抑うつと怒りとの関係について考えてみます。

例えば、あなたが仕事上の失敗で上司から呼び出されて叱責を受けたとします。一応の平静を保って「こんなミスをしてすみません」と上司に謝り、深々と礼をして部屋を退出しました。

その後、あなたの心にはどんな感情が生じるでしょうか？

必ず怒りがわいてきます。二種類の怒りがあります。第一は、「まったく、あのくらいのミスでいちいち呼びつけるんじゃないよ！」と独り言で表現するような、上司への怒りです。第二は、「あんな失敗をしてしまって、本当に自分はだめだな」と自分を責める気持。この場合は、自分自身への怒りが生じています。

上司への怒りを表現できれば、それはそれですっきり、あまり後を引かないで終わるでしょう。一方、自分を責めて自分に怒りを向けた場合は、抑うつ感情が発生して悩みが後を引きます。

自分を責めているのは、自分自身です。自分の中にいる「真面目な自分」です。「真面目な自分」が、「失敗した」自分を責めているのです。「真面目な自分」は、強くきちんと生きようとしている自分です。一方、「失敗した」自分は弱くてだらしない自分です。自分を責める＝抑うつの背景には、必ずこういう自分への怒りがあります。

ARさんの場合に戻ります。彼女は、子育てがうまくいかなかったと自分を責めています。真面目すぎて心に余裕がなかった、いつも聞き役で自分を出せなかったなどと、自分に疑問を持ち始めています。そこには自分のせいで息子をダメにしてしまった、という自分への怒りがあります。ですので、このセッションから読み取るべき感情は、「2　抑うつの感情」と「3　怒りの感情」です。

この二つの感情が読み取れるようになると、聴く力はとても安定します。なぜなら、話し手の辛さがはっきりと見えてくるからです。傾聴の技法の〈ステップ2　内容に賛成して聴く〉が、より楽にできるようになるでしょう。

### †「悲しみと諦めの感情」へ

続く六回目のセッションで、ARさんは言葉が少なくなり、あまり語らなくなりました。

**AR－6**　息子は相変わらずです。時々、帰宅が夜一〇時とかになります。以前だったら「どこに行っていたの？　こんな遅くまで何していたの！」と私もいきり立っていたと思いますが、最近はあまり言いません。もちろん笑顔で迎えるなんてことはできませんが、「お帰りなさい」とだけは言えるようになりました。

息子は仏頂面して部屋に入っていきます。でも、以前と比べたら夜遅くなるのは少なくなったと思います。「ちゃんと勉強しているの！」と言ったりすると、息子は「いちいちうるせえんだよ！」と切れます。やっぱり一騒動です……一昨日もプラスチックのマグカップが飛びました。カランカランって音を立てて転がっていきました……。それから家の中がしんとなりました。

会話のトーンは静かです。抑うつよりも静かです。淡々と語っています。何かを抑えて、何かから離れて、極力、客観的に事態を語っているようにも聞こえますし、何かを手放したようにも聞こえます。

一方、実際の生活の中では徐々に息子さんの怒りはおさまってきたようです。深夜の帰宅が減った、切れる回数が減ったのは事実です。それは良かったことです。

問題は解決に向かっています。では、この六回目のセッションでARさんの感情は、どのレベルにあるのでしょうか?

静けさは、「5　悲しみと諦めの感情」の表現です。

妻として、主婦として、母親として頑張って、真面目に子育てをしてきたARさんは今までのその頑張りの一部を手放したようです。もうここまできたらしようがない、と感じたのでしょうか。あるいは、息子とのバトルを繰り返して、何度も自分を責めて、疲れきってしまったのでしょうか。

とにかく、ARさんの気持は静かになりました。これが解決へとつながっていきます。カウンセリングでクライアントが「静かに」なって言葉が少なくなってきたら、解決が近いと思っていいでしょう。それが、この次の七回目のセッションで起きたことです。この章の最初に紹介した内容です。ARさんが息子との会話中に、起こったことです。そのくだりをもう一度引用します。

†「喜びの感情」の報告

**AR-7** ……(中略)……息子がまた暴れて、「いちいちうるせえんだよ、クソババァ!」と怒鳴りました。その時、私は自分でも驚くほど冷静で(ああそうだな、私、口うるさかったな)という思いが浮かんで、思いがけず「そうだよね、お母さん、うるさかったよね」と口から出たんです。息子はきょとんとした感じで、「そうだよ、分かればいいんだよ!」と捨て台詞を吐いて自分の部屋に入っていきました。……(後略)。

こうして、ARさんと息子との間の思春期問題は解決していきました。
次は八回目のセッションの一部です。

**AR-8** ……息子の夜遊びはなくなりました。もうこの一カ月、きちんと帰ってきます。私が夕食の支度をしていたら、今までは食事の時間になっても呼ばないと出てこなかった息子がダイニングに出てきてうろうろしているんです。「何か手伝おうか?」と言ってきました。びっくりしました。「クソババァ!」と怒鳴られていたのとは大違いです……（後略）。

この回の感情は言うまでもなく、「6　喜びの感情」です。続くセッションで、息子とも仲直り、新しい家族関係ができつつあることの喜びが報告されています。

その後、ARさんの話題は自分が生まれ育った原家族に及び、さらに五回ほどのセッションでカウンセリングは終結しました。

このようにカウンセリングでは、「1　不安と頑張り」から始まる六つの感情の階層が順を追って語られ、問題が解決されてきます。

さて、ここまで来て、読者の多くは、あれっ？「4　恐怖の感情」はどうなったの、飛ばしていない？　と気づかれるでしょう。そうです。ARさんのカウンセリングでは恐怖は語られませんでした。カウンセリングでは、恐怖は語られないことのほうがむしろ普通です。しかし、語られないとしても、その恐怖の段階がなかった訳ではありません。実際、続くセッションの中でARさんはそれを話してくれました。

**AR-11**　あの頃（息子の家庭内暴力がおさまりかけていた頃）、私、もう疲れきっていて、家族が誰もいなくなった午後に、一人でベッドに倒れていました。いろんなことを思い出していました。小さい頃のこと、学生時代のこと、結婚した頃のこと、ボーッとして思い出していました。

今から思えば変ですが、「ああ、もう人生、終わりだ」なんて思ったりして、急に「そんなことを思ってはいけない」と恐くなりました。夕方になって外が少し暗くなった頃、やっと起き出して買い物に出かけました……そんなのが二、三日続きました……(後略)。

短い時間ですがそこにあったのは、恐怖を見て動けなくなる心の反応です。人が生き方を変えていくとき、必ず通過する感情です。今まで長い間信じてきた「生き方」(=ルール)、つまり「頑張り」を手放していいのか、不安になり恐怖を感じるのです。

それは、生きるために必死でつかんできた「命綱」を今、手放していいのかという恐怖です。もう昔とは環境も心も変わって、足の下に谷底はありません。つま先の一〇センチ下には、穏やかな緑の平原が広がっています。それも分かっています。でも、今まで一時たりとも手放さなかった「命綱」から手を離すのは恐いのです。本人も気づかないまま過ぎていきますが、「あっ」と振り返ったときは、手を離して新しい大地に立っています。

恐怖の表現はさまざまですが、恐怖と向かい合って「4　恐怖の感情」が生々しく表現

されることもあります。それは心のずっと深いレベルまで整理しなければならないような
カウンセリング、例えば、幼少時に虐待を受けて育った人のカウンセリングの場合などです。これについては次章で触れる機会があります。

### †生活を安定させている言葉

クライアントの感情が自由に流れ始めると、カウンセリングの進行は加速されます。そこで語られる感情は日常生活の中ではあまり語られない、深いレベルの感情です。日常生活の中で、私たちは深いレベルの感情を感じていないのかと言えば、そうではありません。どこかで感じています。しかし、それらがあらためて表現されるまでにはいたらないということです。安定した生活の中ではわざわざ言葉にする必要がないし、もしいちいちそういう感情を拾って表現していたら、生活できません。

働いている人であれば仕事が滞るでしょうし、主婦であれば、家事をこなして子どもを学校に送り出す毎日に支障が出ます。ある程度、感情を抑えたり棚上げしておいたりしておくことは生活と心の安定のために必要なことです。感情の「抑圧」というような言われ方もしますが、大切なことです。

しかし、そうは言っても生活の中で時に、「抑うつ」（レベル2）や「怒りの感情」（レベ

ル3）が強くなって苦しんでしまうことがあります。そんな時、私たちはそれをレベル1の「不安と頑張りの感情」にまで引き戻して、頑張り直します。深いレベルの感情を棚上げしたり（あるいは「抑圧」したり）するのは、私たちが社会生活を送るときの「理性」です。言い換えれば、日常使っている「言葉」です。私たちは言葉を利用して生活を安定させているのです。生活の中で、理性は感情に優先されなければなりません。

一方、カウンセリングの中や、カウンセリングでなくても人が一人で深く傷つき悩んでいる時には、普段は正面から語られることがない深いレベルの感情が出てきます。自由に語ることによって、あるいは、一人でそれに向き合うことによって、いつもは表面に浮かんでこなかった感情が出てくるのです。

その時の感情の力はとても強く、それはやがて「言葉」を変えていきます。「言葉」が変わるとは、日常生活の中の「理性」が変わることです。それは生き方や生活が変わることです。「言葉」が変わることで悩みが解決します。

言葉が変わる時、生活の中でちょっとした事件が起こります。

ARさんの七回目のセッション「思いがけず『そうだよね、お母さん、うるさかったよね』と口から出たんです」と報告してくれました。これが事件です。

事件をきっかけに、母子関係が変化していったのです。

傾聴の技術〈ステップ3　感情を聴く〉をマスターできたら、次はいよいよ、心の大きな変化に立ち会う〈ステップ4　葛藤を聴く〉です。「事件」が起きる段階です。

第五章

# 葛藤を聴く

## ――人の悩みの源はすべて、心の葛藤

## (1) 葛藤が語り尽くされると現れる「トリックスター」

### †思いがけない「事件」が状況を変える

あるクラシックの音楽会に行ったときのことです。プログラムは地元のオーケストラとヨーロッパから招待されたヴァイオリニストとのヴァイオリン協奏曲でした。演奏が始まって観客たちは音楽を楽しんでいました。あとから振り返れば、それは可もなく不可もないというか、普通に、期待通りに楽しませてくれる演奏会だったと思います。

しかし、第一楽章の後半にさしかかったところで、いきなり、すべての音が止まってしまいました。一瞬の静寂のあと、ホールがざわざわとしてきました。どうしたのかと見ていると、ソリストのヴァイオリンの弦が切れてしまったようでした。

演奏は中断されて、ソリストは楽屋に姿を消しました。

しばらくして弦を張り直したソリストが舞台に戻ってきて、拍手が湧き、それが静まると演奏が再開されました。その時、ヴァイオリンの音が見ちがえるように大きくなっていました。それは弦を張り替えたからだけではなく、失敗を取り戻したいというソリストの意気込みのように聞こえました。すると、それに応える管弦楽の音色も信じられないほどの豊かなものに変わり、観客も反応して素晴らしい演奏になりました。

演奏者たちにとってみれば何度も練習を重ねてきたおなじみのスコア（楽譜）だったはずなのに、ちょっとしたことをきっかけに演奏内容が大きく変わってしまったのです。こんなことは私には初めての経験でしたので、一連の出来事にとても感激した記憶がありま す。

その時に私が思ったのが、「トリックスター（trickster）」のことです。トリックスターは、手品師、ぺてん師、詐欺師等と訳されるらしいですが、彼らは必ずと言っていいほど〝掟破り〟をします。精神分析や心理学の分野では、心の流れを変える「いたずら者」とされています。

私のイメージは、こうです。

二人の男性が向かい合って立っています。二人は互いに睨み合い、深刻な顔をして大きな声で激論を交わしています。その気迫に周りの誰も近寄ることができません。そこにトリックスターが現れます。彼はいつの間にか、一人の男の後ろに立っています。そして、いきなりその男に「膝、カックン」をするのです。された男性は「何するんだよ！」と、一瞬激しい怒りを見せますが、よろけながら「真面目な話しているんだから邪魔するなよ」と苦笑いします。

そして、この事件をきっかけに二人の男の感情的な対立は「水を差されて」しまい、以後、議論は思わぬ方向へと進展して、問題が解決します。周りの人たちもホッと胸をなでおろしました。気がつくとトリックスターはどこかに消えて、もういませんでした。

演奏会の話に戻すと、こうなります。演奏会が始まって、管弦楽もソリストも頑張って演奏しています。しかし、観客はどこかで不満を感じています。あのソリストは本来はもっといい演奏ができるはず、地元のオーケストラも頑張っているけど……何か物足りないなぁ、でも、誰かが悪いわけじゃないし……鳴っていない……そんな演奏会だったのか……。そんな時に、トリックスターが現れ、ヴァイオリンの弦を切ったのです。私はそう思います。

これと同じようなことが、カウンセリングの中でも起こります。ちょっとした「事件」をきっかけに、心の流れが大きく変わってしまうのです。その事件は日常生活の中の、本当にちょっとした事件なのですが、ヴァイオリンの弦が切れたような、思いがけない事件です。

## †トリックスターの役割は、心の中の解決を現実化すること

カウンセリングの中で「事件」がいつ起こるかは、正確には予測できません。

しかし、多くは、カウンセリングが佳境に入った頃に起こります。

それはカウンセラー側から見れば、ステップが進み、感情の流れを聴き遂げてから後、〈ステップ4　葛藤を聴く〉に入ってからです。

クライアントの側から見れば、いろんなことを言い尽くし、愚痴も言い尽くし、不安、抑うつ、怒りを表現し尽くし、「もう逆さにしても何も出てこない」、しかし、自分がかかえている心の苦しみは何ひとつ解決されていない、これからどうしたらいいのか、先がまったく見えない、苦しい、苦しい……と思っている頃です。

「事件」が起きる直前、それまで不安と抑うつ、怒りを基調にして暗く、重くとどまっていた感情が、急に軽くなり、クライアントの口調が静かになります。一時、悩みを超越したような言い方をすることもあります。

その後に起こる突然の「事件」は、クライアント自身もあまり自覚できていません。しかし、それを境にして、現実の生き方が変わっていきます。

事件を起こすのは、トリックスターです。

トリックスターの役割は、心の中の解決を現実化することです。心の中の解決とは葛藤

が解けることで、それは次のような現象が心に起こるということです。つまり、
心のわだかまりが解ける、つっかえが取れる、
心が束縛されていたものから自由になる、
凝り固まっていた感情（不安、抑うつ、怒り）が消える、
霧が晴れて視界が解放される、
そして、人生の謎が解ける、
などです。
これらを見とどけて、トリックスターがやってくるようです。

## （2）娘の登校しぶりで悩むＮＦさんの話を聴き遂げる

次に、娘の登校しぶりで私のクリニックに相談にきた母親のＮＦさんの話を紹介します。その中で、まずは第四章で説明した「感情を聴く」をもう一度たどりながら、トリックスターが登場する瞬間までを詳しく見ていきたいと思います。

### †長女Ｒちゃんの登校しぶり

ＮＦさんは四二歳の女性、四三歳の夫と九歳の長女Ｒちゃんが家族です。大学を出てからずっと専門の仕事を続けています。係長で部下が四人います。ＮＦさんが来院したのは、長女Ｒちゃんの相談でした。小学校三年生のＲちゃんが急に学校に行きたくないと言い出したのです。朝起きると、「学校行きたくない、嫌だ、嫌だ」と言いだします。なんとか説得して学校に送り出すまで一〇分、二〇分、時には三〇分かかります。

学校に行ってしまえば授業は静かに聞いていますが、給食を食べるのを嫌がります。気持悪い、吐きそうと言って残してしまいます。でも、家では食事をしているのです。最近は、朝、学校まで送っていかないと授業にでません。仕事もかかえて忙しいNFさんは困っています。

「もしかして、私は子育てで大失敗しているのか」、「もしかしてRに発達障害があるのでは、だったら発達障害の検査をしないと……」と急に不安になります。

娘の登校しぶり、子育ての不安……こうして相談が始まりました。NFさんは、何とかこれらの問題を解決しようと頑張っています。

**NF**-1　Rの登校しぶりのことを、スクールカウンセラーの先生にも相談しました。カウンセラーの先生は「頑張って行かせたほうがいい」と言いました。それを娘に伝えました。「休んでもいい」と思わせてはいけないと私も思います。それからはなんとか登校させています。「給食恐い」と言いながら今週はなんとか学校には行けていますが……（中略）。

先週、月曜の朝、また「学校まで送って」と言いだしました。私も出勤前で、さすがに切れてしまいました。娘の態度にイライラしてきて、こんなにガミガミ言う必要ないと思いながら、「何言っているの、ちゃんと学校行きなさい！　甘えてんじゃないわよ！　給食もちゃんと食べなさい！」と叱ってしまいました。いつもの自分と違うなと思いました。

見たら、娘が一瞬、放心状態になっていました。私はやり過ぎだ、と思いましたけど、その場では止まりませんでした。仕方がないので自転車に乗せて送っていきました。Rは後ろで私の背中をギュッとつかんで黙っていました。

学校が近づいてきたら、その手を緩めて言いました。「お母さん、ありがとう。R、ここで降りる」と言って正門の方に歩いて行きました。さすがに私に送ってもらっている姿を友だちには見られたくないのだろうと思いました。

それから急いで家にもどって、遅刻でしたが出勤しました。電車の中で、そんな自分がすごく嫌で……思い出してRが可哀想になりました。でも、仕事が始まったら、なんとか頭を切り替えられました……（後略）。

不安をかかえながら頑張っているNFさんです。「よく頑張っていますね」と思いながら、その話を静かに、口を挟まず、黙って、聴きます。聴いてもらえただけで、話し手の気持は楽になるはずです。仕事を休んでせっかく相談に来たのですから、少しでも楽になって帰ってもらいたいです。

## †母親へ、心の「解説」と助言

セッションの最後（残り三〇%の時間でした）になって、以下の二つをNFさんに説明しました。

まずはRちゃんに発達障害はないことを伝えます。その理由は、次のようなことです。授業中は静かに聞いていられる集中力があること、友だちとは話ができているのに給食だけが食べられないと症状が限定していること、また、学校が近づいてきたら同級生の目を気にしていたことなど、これらは小学三年生なりに社会的関係をよく理解できていることを示しています。

さらに、親子喧嘩のあと自転車の後ろでじっと黙っていたけれど、最後にはお母さんに「ありがとう」と言えたことは、落ち込んだ自分の感情に耐えていた後に気持を切り替えられたことを示しています。

これらの理解と心の動きは、発達障害の子にはあり得ないことです。

このような理由でわざわざ発達障害の検査をする必要はないと伝えると、NFさんは納得して安堵の顔を見せました。

次に、Rちゃんへの対応について、次のような助言をしました。

「登校しぶりと、給食を食べられない理由は心理的な緊張だろうから、家でRちゃんの気持を安心させれば治るはずです。そのために、一〇分、二〇分の短い時間でいいから、一日一回はRちゃんの話を、口を挟まずに黙って聞いてあげなさい」

そして、やりかたを具体的に説明しました。「R、今日、学校どうだった」とだけ聞いて、後は黙って待っている、という方法です。カウンセリングの「聴く技術」と同じです。「もし、Rちゃんが何も話さなければ、その日はそれで終わりにしなさい」とも付け加えました。それをお母さんに実行してもらいます。

簡単なことですが、本書で述べてきたとおり、「黙って聴く」の実行は難しいです。しかし、NFさんはできるはずです。しっかりした女性ですし、かつ、このセッション1で、NFさんは、黙って聴いてもらえた時の安心感を体験したからです。それが、記憶のどこかに残っているはずです。

私がセッションの最後に、一五分ほどでこの二つを伝えると、NFさんは言いました。

**NF-1** ありがとうございました。たくさん聴いてもらえて安心しました。ずっと一人であれこれ考えてきましたが、話せてよかったです。家に帰ったらRの話、聴いてみます」

それから二週間後の二回目のセッションです。

**NF**-2　優しく話を聞いてあげなさいと言われて、Rの話を聴くようにしました。でも、最初のうちは、Rは何かを言いかけて止めてしまうようなことがありました。私を心配させてはいけないと気を使っているのかと思いました。娘の気持を見ていなかったと反省しました。「娘さんが話さなければ、その日はそれで終わりにしなさい」という先生の助言を思い出して、促さずに何日か待っていました。そのうち、Rはいろんなことを話し始めました。

先週の金曜日は少し仕事が早く終わったので、Rの大好きなH屋さんのアイスクリームを買って帰りました。上にスイカのカットを載せて出したら、すごく喜んで、学校の話とか、友だちの話をしてくれました。私もアイスクリームを食べながら、「二〇分は黙って聴く」と自分に言い聞かせて、実行しました。私もRもちょっと気持が穏やかになった気がしました。

思い返すと、私はこれまで子どもが話し始めると、面倒くさいとか、家事の邪魔をしないでとかいう気持があったと思います。なんででしょう。子どもは可愛いし、いい子なのに……。それから、いつの間にか、朝の登校しぶりはなくなりました。大丈夫かな、また「行きたくない」とか言い出さないかと心配にもなりますが、そうしたら、またここ（クリニック）に来て話を聴いてもらえばいいのだと思って、自分を安心させています。

## †自己主張が戻り、給食を食べられるようになった娘

食べるという行為は、人間にとって一番の自己主張です。生まれてきたばかりの赤ちゃんが最初に主張する「おっぱい欲しい」がそれです。自己主張＝「我を出す」です。大きくなってからも私たちは毎日、その一番の自己主張をしています。あれが食べたい、これも食べたいは、心が自己主張できている健康な証拠です。

Rちゃんはおとなしい子で、友だちと協調することを第一優先して、人前で自己主張をするのを避けてきました。しかし、給食は「人前で自己主張する」行為、しなければならない行為です。学校で自分を出せずに遠慮ばかりしていると緊張が高じて、Rちゃんのように人前で自分を出せず、食事もとれなくなることがあるのです。

思春期になって母親の前で自己主張ができなくなった子は、拒食症になります。拒食症の心理的な原因が母娘関係（母娘対立）にあることは、よく知られています。また、うつ病になって自分を責めてばかりいると、自己主張ができなくなり同時に食欲がなくなってしまいます。食欲低下と体重減少はうつ病の診断基準の一つです。うつ病までいたらなくても、落ちこんで自信がなくなると食欲が落ちることは誰でも経験があるでしょう。

Rちゃんはお母さんに話を聴いてもらって、自分を認めてもらえました。話をする＝自己主張で、それを聴いてもらう＝自分を認めてもらう、です。それでRちゃんは給食が食べられるようになったのです。この心の「解説」をお母さんにしたら、「そんなところで心ってつながっているのですね」とびっくりして、深くうなずいていました。

子どもの心は、大人と比べて柔軟です。まだ「生き方」が固まっていないからです。それゆえ、自己組織化する力が働きやすいのです。さらに、小学校六年生くらいまでは、子どもの心は母親の心と密接につながっています。だから、母親に優しく聴いてもらえたら、子どもの心はすぐに変化します。聴く力がもっとも発揮されやすい関係です。

Rちゃんはそれからも時々、学校まで送ってとか、給食の時気持ち悪くなったなどの訴えがありましたが、いつしかその訴えも消えて、毎日元気に学校に行くようになりました。苦手だった体育の時間も楽しくなったということです。

こうして、娘さんの問題が解決しました。不安と頑張りの中で相談にきたNFさんがRちゃんの話を「黙って聴く」ことで解決したのです。

子どもの不登校・引きこもり・家庭内暴力・非行の問題では、相談に来た親（多くの場合は母親）が子どもの話を「黙って聴く」ようになると、だいたいは解決へと向かいます。しかし、なかなかこれが難しく、親が「黙って聴ける」ようになるまで半年から1年くらいかかることも多いのです。カウンセラーが黙って聴けるようになるのと同じくらいの時間がかかります。

親が大きな不安と緊張をかかえている場合は、子どもの話を聴けていないことさえも自覚できません。焦りと不安の中で格闘していて、子どもの心が見えないのです。

そんな時は、親は性急な助言を求めてきます。

「子どもの言う通りにしたらいいのでしょうか、あるいは、ダメはダメと厳しく叱ったほうがいいのでしょうか、どうしたらいいでしょうか」

具体的な助言を求めてきます。それも二者択一の質問です。

私は「今まで通りの対応でいいですよ」と答えます。それから、「お母さんに余裕がある時には、子どもが何を言っているか聞いてみなさい。黙って聞いてみるといつもとは違うことを話しますよ」と付け加えます。すぐには無理だとわかっていても、「黙って聴く」ことだけを助言するのです。

## †自分の「1　不安と頑張り」を語りたくなる

さて、NFさんの場合、短期間で子どもの問題は解決しました。しかし、子どもの問題が解決したからといって、そこで相談が終わる母親（親）はいません。必ず自分の相談に入っていきます。その心の動きはこうです。

子どもの問題で相談に来て、「黙って聴いて」もらって自分が安心する
↓母親（親）が子どもの話を「黙って聴ける」ようになり、子どもが安心する
↓すると、子どもの問題が解決する
↓安心した母親は、自分自身が抱えてきた心の不安と緊張に気づくようになり
↓長い間かかえてきた問題を解決したくなる

これは自然な心の動きです。子どもが十二、三歳くらいまでは、母親の心と子どもの心は同期しています。だから、子どもの心の問題＝母親が抱えてきた心の問題、です。

二回目のセッションの後半で、NFさんは次のように続けています。

NF-2　……Rは元気になりました。よかったです。(中略)実は、私は以前から近所の内科で睡眠薬をもらって飲んでいます。毎晩ではないですが、ないと眠れないのです。昨晩も何度も目が覚めて、眠れませんでした。Rの問題が解決したら、私、何か疲れてしまいました。仕事を頑張っているけど、ああ疲れたな、面倒だなって思ってしまいました。こんなことは初めてです。私、何のために仕事しているのかしら。目標を失ってしまったような……。

日曜日、そんなことを考えながら、リビングでぼんやりしていたら、Rが近づいてきて横に座るなり、「お母さん、無理しないでいいんだよ」と言ってきました。びっくりしました。私も思わず「そうだよね……」って返して、それにもびっくりしました。

小学三年生にもなると、子ども(特に女の子)は母親の気持を大人顔負けに正確に読み取ります。お母さんの会社での人間関係や仕事のやり取りの内容はもちろん知りませんが、どんなふうに悩んで、どんな気持でいるかは直観します。お母さんが仕事でも家事でも頑張って疲れている、と分かるのです。母子の心は直結しています。

それから、NFさんはRちゃんのことも語りながら、自分の話が中心になっていきました。

三回目のセッションです。

**NF**―3　……Rは元気になりました。よかったです……(中略)。睡眠薬がないと眠れないことがあります。昨晩も何度も目が覚めてしまいました。仕事で締め切りをかかえているのです。土曜日に小学校のPTAの委員会があって、日曜日に娘のピアノの発表会があります。私の予定表はもう一杯、入り切らないけど、入れていかざるを得ないのです。

夫は娘の発表会に、ついてくるつもりですが、だから、こう準備しようとか、日曜の朝の段取りなんか考えていなくて、黙っていればいつも通り朝食が出てくるものとでも思っているようです。まったくイライラします。二人で働いているので、家事の分担をしてきたけど、それだけやっていればいいみたいな……。

私、最近、朝早起きするのが辛いです。今月いっぱいで終わらせないといけない仕事があって、毎日、残業しているのですが、進みません……。

そうしたら昨日、部長が「あの仕事、少し方針が変わったから」と言って、私たちがやって来た準備はもういいと言うのです。先方との話し合いでそうなった、と。でも先週私が確認したときは「今のやり方で進めていい」と言われたのに……部下とやってきたことの半分くらいが無駄になってしまいました。

やり直せというやり方、二カ月前に私が最初に提案したものなんです。あの時は、「そんなもんじゃダメだよ」と却下されて、でも、その後、先方と話が進んで、結局、そこに戻ったわけです。でも、部長はそんなこと忘れているだろうと思います。いつもその場限りなんです。仕事をやり直さないといけないんです……部下にも申し訳ない……。間に合わないと先方に迷惑かけてしまうし……。

**Co-3**　大変ですね。

### †黙って聴いて、感情の流れを変えない

ここまでの場面で、言葉として表現される感情の流れは「不安と頑張り」です。その背景に部長に対する怒りがありますが、それは表現されず、NFさんはその怒りに気づいていません。怒りを抑圧（我慢）して頑張っているのです。抑圧された怒りはカウンセラーの心の中にも怒りを呼び起こします。

それを自覚していないと、カウンセラーはつい口を挟みたくなってしまいます。「ひどい部長ですね。仕事が間に合わなかったら部長の責任ですよね。そう言って、部長に責任

をとってもらったらいいのではないですか」など、です。NFさんの訴えに同調するあまり「支持・承認」してしまうのです。感情を聴けていないとそうなります。

感情を聴けていれば「大変ですね」とだけ返して、NFさんの話を聴きます。NFさんの話す内容に賛成も反対もしない、ただ辛そうな気持ちを聴いたよと合いの手を打っただけです。その証拠にNFさんの感情の流れは変わりません。「不安と頑張り」の訴えが続きます。

**NF**-3　ええ、でも頑張らないと……。あと、一週間。なんとか仕上げないとならないです。先方のBさんは真面目な人なのです。ここでやらないとBさんも困るだろうと思います。決められた仕事はきちんとやらないといけないと思います。でも、いろいろ重なって時間が取れない、困ったな……(後略)。

その後も、仕事のこと、夫のことなど、NFさんは自分の「1　不安と頑張り」を語りました。こうして、三回目のカウンセリングの五〇分はあっという間に終わりました。最後に、言葉を返します。以下に示します。(ちなみに五〇分のセッション中に私が返した言葉は、上記の「大変ですね」を含めて、三カ所だけ、それも「そうですか……」と「うーん、なる

ほど」だけです）

**Co**-3　お話をうかがいました。仕事も育児もすごく大変そうですね。ＮＦさんが部長や部下を気づかって仕事をしていること、子育てと家事を頑張っているのがよく分かりました。頑張り屋さんですよね。また次回、一緒に経過を見て行きましょう。

**NF**　私って「頑張り屋」なんですね。今日もたくさん話せました。よかったです。ありがとうございました。

（来た時の緊張したＮＦさんの顔が、穏やかな笑顔に変わっていました）

じっくりと感情を聴けるようになると、カウンセリングの進行がきれいに見えてきます。クライアントが「不安と頑張り」を語っている時は、その感情を聴きます。それを聴き遂げてもらうと感情は穏やかになり、次の感情が出てきます。

### †「不安と頑張り」から「抑うつ」・「怒り」へと感情は深化する

Ｒちゃんの問題が落ち着いたのでそれから以後、カウンセリングは月に一回になりました。四回目、五回目、六回目のカウンセリング（〈セッション4、5、6〉）でＮＦさんは、自分の不安と頑張りを報告し続けました。しかし、この三カ月の間に新しい内容も少しずつ付け加わってきました。

三カ月の経過をまとめると、次のような内容でした。

**NF**-4　前回お話しした仕事、最後は徹夜して終わらせました。疲れました。私、なんとかやっています。でも、時々、急に気持が落ち込んでしまうことがあるんです。

**NF**-5　仕事は相変わらず忙しくて、終わらないことが多いです。私、最後の頑張りができないんです。疲れてしまって、もっと頑張らないといけないと思うのですが、力が出ないんです。明日のことを考えると夜、眠れなくて、朝、起きても疲れが取れていないです。胃の調子が良くないからか、お昼、食欲がなくて……。

**NF**-6　やっぱり仕事は相変わらずです。忙しいです。終わらない仕事をかかえています。部長に振り回されています。嫌になってしまいます。なんで私にばかり言ってくるの、他の人にも言って欲しいです。なんで私ばかりがこんなに頑張らないといけないのか……。先日も私が締め切りで追われているのが分かっているはずなのに、「Nさん、急ぎでこの仕事やってくれないかな」と言ってきました。

〈セッション4、5、6〉の三回を通して、繰り返して「1　不安と頑張り」の感情が表現されていますが、その中に「2　抑うつ」の感情が加わってきました。頑張れない自分を責める気持です。「もっと頑張らないといけないと思うのですが、力が出ないんです」にそれが出ています。

カウンセリングの進行を考えると、「2　抑うつ」は「1　不安と頑張り」よりも深いレベルにある感情です。

NFさんが、より深い悩みのレベルを語るようになりました。辛そうだけど、いいことでしょう。

感情を聴けないカウンセラーだったら、「そんなこと言わずに頑張りましょう」とか、あるいはその逆に「本当に疲れましたね。少し休んだほうがいいですよ」など、言ってしまうところです。

〈セッション6〉で、初めて出てきた感情があります。

「やっぱり部長に振り回されています」、「嫌になってしまいます」、「なんで私ばかりが頑張らないといけないのか……」という言葉です。これらは、仕事や部長への不満の表現です。NFさんが部長への不満を言葉にしたのは、この回が初めてです。

不満は愚痴レベルの感情表現で、〈セッション5〉で表現されている「2　抑うつ」からその先のレベルである「3　怒り」への途中です。怒りは、NFさんの意識には上っていません。意識に上ったときには、例えば「まったく酷い部長です。あの人、嫌です」など直接的な表現になるはずだからです。

NFさんはカウンセリングの中で、

1　不安と頑張り

2　抑うつと自責感

3　怒り

の三つの感情を表現しました。

一対一のカウンセリング・セッションで、「不安と頑張り」は言葉にしやすいでしょう。これに比べて、「抑うつと自責」は少し言いにくい、「怒り」になるとさらに言葉にしにくいものです。なぜなら、大の大人は人前で怒りを出してはいけないからです。

クライアントが自由に気持を語れるようになると、言いにくい感情も表現できるようになります。傾聴が保証されていると、心は自然とより深いレベルへと進みます。

**†苦悩の源である「葛藤」を語り始める**

次は、〈セッション7〉です。

**NF-7** 何とかやっていますが、やっぱりきついです。

仕事は相変わらず忙しくて、追われています。先日、すごく忙しくてキリキリしている時に、あの部長がまた「Nさん、急ぎでこの仕事やってください」と言ってきました。私がどれほど忙しいか、分かっているのかと思います。今の仕事だって無理やりねじ込んだのはあなたでしょって、言いたかったけど……。

自分は「分かりました。何とかします」と笑顔で言っているのです。だめですよね。こんなことじゃ……、どんどん仕事が増えて、倒れてしまいます。どうしても自分でしょってしまう。それで疲れて、この感じ、嫌だなと思います。上司に仕事を頼まれても「私の給料、そこまでもらっていません」と言う人がいます。でも、それで終わっている。クビになってもいない。私、今は三つも仕事をかかえているのです。

部長は部長で、いろいろ忙しいのでしょうけど、私とは違う仕事があるのでしょうけど、でも、定時には帰っているみたいです。私は残業しています。馬鹿ですよね。夜一〇時、一一時までやって、終わらないのです。

私、やり方が下手だし、効率が悪いのです、だから私って馬鹿です。できないのです。このくらいの仕事、みんなはこなしているのですよね。そうですよね。でも、皆も頑張っているから、やっぱり頑張っていかないと……。なんで仕事受けてしまうのでしょう。

でも、受けないといけないいし、みんな頑張っているし……。

この〈セッション7〉で全体に流れる感情は、自分を責める「抑うつ」と「抑えられた怒り」です。NFさんは部長や会社、あるいは自分自身への怒りをうちにかかえています。「私がどれほど忙しいか、分かっているはず、今の仕事だって無理やりねじ込んだのはあなたでしょって」、これは部長への怒りです。

また、「だめですよね。こんなこと、ちゃんと断れないと、どんどん仕事が増えて、倒れてしまいます」、これは自分への怒りです。これら二つの怒りはストレートではなく、抑えられています。つまり、「部長は部長で、いろいろ忙しいのでしょうけど……」と部長への怒りを抑え、また、「このくらいの仕事、みんなはこなしているのですよね」という言葉で自分への怒りも抑えられています。我慢です。

怒りの感情を我慢しているとき、それは「葛藤」として表現されます。葛藤を語るときに、それが聴き手に与える印象は怒りを伴う「苦悩」です。

NFさんが語っている葛藤の内容は、

①仕事は頑張って受けなくてはいけない、でも、

②もう限界、引き受けられない、頑張れない、ひどい！……

というものです。

こうして、

①怒りを抑えて頑張ろうとする気持（真面目な気持）と、

②もう限界、我慢できないという気持（我がままな気持）が、

ぶつかり合います。葛藤が言葉になってくると、カウンセリングは一番の山場に入っていきます。

葛藤を聴くことは、「聴く」という作業の中で一番辛いものです。人は他人の葛藤を静かに聴いていられません。「抑圧された怒り」を聴くのは耐えがたいことなのです。どうしてかというと、怒りを抑えるという葛藤は、誰しもがこの世に生きている限り何度も味わっている「辛い心の作業」だからです。

葛藤を聴き遂げられるか、カウンセラーの腕が問われます。もちろん、形だけを考えれば、「ただ黙って聴く」ことに変わりはありませんが……。

## (3) 葛藤とは「そうすべき」と「こうしたい」の対立

葛藤を聴けるようになるために、ここで「葛藤」とは何かを考えてみましょう。

### †苺大福かショートケーキ、これはただの迷いか葛藤か

あなたが、カフェに立ち寄ってコーヒーと甘い物を注文するとします。コーヒーはブレンドのホットで決まっているのですが、あなたは甘い物を何にするか迷っています。いろいろ考えた末に最後に残った候補は二つでした。つまり、

X＝ふっくら大きな苺大福

Y＝大きな苺がのったケーキ

です。二つの選択をあれこれ考えていますが、一〇分たっても決まりません。Xか、Yか。悩みは続きます。

さて、これは葛藤でしょうか?

葛藤とは怒りを伴った苦悩です。あなたが、にこにこしながらXか、Yかと考えているとすれば、それは葛藤ではありません。ただの迷いです。

しかし、ここであなたが、一カ月前に受けた健康診断で脂肪の取り過ぎを注意されていたことを思い出して、「より脂肪の少ないものを選ぶべきだ」と選択にルールを適用したとします。つまり、脂肪の少ない大福を選ぶ「べき」だと考えます。

そこで、Xの大福を食べたい！　となれば、めでたし、めでたし、問題は解決です。

しかし、でも、でも、でも……今日はどうしてもYのこってり生クリームのケーキが食べたい……となったら、そこから葛藤が生じます。

つまり、葛藤とは、こうすべきであるという「ルールA」（脂肪制限すべき）と、それに従えない「感情B」（どうしても生クリームが食べたい）とのぶつかり合いの中で、何とか「ルールA」を貫こうとするときに生じる苦しみです。この時、あなたは「ルール」に対してどこかで怒りを感じています。「ルールA」を命じた健康診断への怒りか、脂肪の取り過ぎを放置していた自分への怒りか、その両方か、です。

### †悩みの源である「葛藤」を定義する

本書の筋にそってあらためて葛藤を定義すると、

（表５）　葛藤の定義

| 葛藤の定義：葛藤とはルールＡと感情Ｂの対立の中でルールを守ろうと苦しんでいること | |
|---|---|
| 生きる規範Ａ<br>＝生活のルール | 現実の感情Ｂ<br>＝辛さ・怒り |
| 例：言われた仕事は、きちんと仕上げなければならない | 例：もう疲れてしまった<br>休みたい<br>ひどいじゃないか |

こうすべきであるという「生きる規範Ａ」（生活や仕事のルール）と、それに従えない「現実の感情Ｂ」（こうしたい、嫌だ、辛い）とのぶつかり合いの中で、何とかルールを貫こうとするときに生じる苦しみです。

ＮＦさんの例で説明すると、「生きる規範Ａ」とは、部長に言われた仕事は締め切りまでにきちんと仕上げなければならない、という仕事のルールです。これはＮＦさんの中では、家事や育児をきちんとやらないといけないと同じものでしょう。さらに、朝は辛くてもきちんと洗面・身支度・化粧して出勤しよう、夜は歯磨きしてから寝ようなど、生活や人生全体のルールを作りあげているものです。

「生きる規範Ａ」は生活のルールであり、仕事のルールであり、人生観であり、世界観でもあります。それらは互いに密接につながって体系化・組織化されているのです。だから、仕事はいい加減にやって、一方、家事だけはきっちりする、というような芸当はできません。ＮＦさんはその規範を守ってずっと生きてきたのです。仕事が辛いからとか、部長が酷いからと言っていきなり全体のルールは変えられません。ルールは、全体が「セット」になっているのです。「現実の感情B」とは、その時の正直な気持で、もう疲れてしまって仕事ができないなどです。朝は七時に起きないと会社に間に合わないけど、今日は眠くて眠くて、寝ていたい、脂肪制限のために大福にすべきだけどどうしても今日はケーキを食べたい、もそうです。

日常生活の中で、私たちは小さな葛藤をいつもかかえています。それは「朝、起きる時間だけど、まだ寝ていたい」とか、「昼休みには少し早いけど、お腹空いた、食べたい」などです。しかし、これらの葛藤＝規範Aと感情Bの対立は大きな苦しみにはならず、多くの場合は、規範と感情は折り合いをつけて一致していきます。

例えば、次のようなことです。朝、辛いけど頑張ってベッドから出て顔を洗っていたらすがすがしい気持になってきて、「さあ、今日も頑張ろう」と思えるようになった。また、お腹空いたけどお昼まであと少し、今日のランチは美味しい○○にしようと思い直して、期待を胸に昼休みまでもうひと頑張りできた。

調整を経て、規範Aと感情Bが一致します。

## †人生を織りなす「たて糸」を入れ替える

規範を守れて自分に自信がつき、感情が満たされて喜ぶ。こういった規範と感情の解決の流れは、毎日、毎日、私たちの中で繰り返されて、生活を織り上げていきます。

人生を一つの織物にたとえれば、規範Aはたて糸（経糸）で、感情Bはよこ糸（緯糸）です。

たて糸は、人生の織物を頑丈なものにしている大切な構造で、人生を継続させる基盤です。よこ糸は、そこにきれいな模様を浮かび上がらせる人生の楽しみ・潤いです。たて糸がないと模様は表現できません。また、たて糸は一度セットすると簡単には入れ替えができません。だからこそ人生は安定しているのです。

しかし、人は一生のうちに何度か、たて糸を入れ替える、あるは継ぎ足す作業をしなければなりません。

最初の大きな入れ替え作業は、思春期です。それまでは親から教わったままに編んできた織物に疑問を感じ始め、自分の人生を作ろうとします。親とは違うもの、自分らしいもの、親に反抗したり、あえて違うものを選んだり、悩んで自分を作ります。親から教わったもの＝それまでのたて糸と、それに疑問をもった気持との間で葛藤します。気持を規範に合わせる解決ではなく、規範を（ある程度）作り替えて、気持と規範を調和させます。

二回目の入れ替え作業は三〇歳代の前半頃、仕事が安定したり、結婚して家庭を持ったり、子どもができたり、あるいは独り者であっても大人として安定した生活を作りあげる頃です。成人期の心理発達です。この時期に入れ替えがスムーズに進まずに強い葛藤が引き起こされると、うつ病を発症することがあります。

三回目は四〇歳から五〇歳の中年期です。仕事や家庭、自分の人生は安定を得たのですが、その頃にずっと頑張ってきた疲れが出てきて、人生の後半に向けて少し生き方を変えないと辛くなってしまうのです。

四回目は六〇歳から六五歳の頃、仕事の定年、引退、子離れなどがテーマになる時期です。人生の終わりに向けて、どんな自分で生きるかという心理課題の達成です。

それぞれの時期、人は心の葛藤をかかえて、悩み、生き方を修正して行きます。NFさんのように子どもの登校しぶりがあって専門のカウンセリングを受けることもありますが、多くはそこまではいたらず、自分で解決していきます。

読者のみなさんは、上記にあげた四つの時期のどこまで来ているでしょうか。第一の思春期葛藤を経験しなかった人は、まずいないでしょう。そこで、どんなたて糸を入れ替えたのか思い出してみるといいかもしれません。

## †生き方を変える葛藤のピーク

NFさんがかかえた大きな葛藤は、簡単には解決できそうにありません。これまで彼女は数年にわたって、何度も何度も頑張り直して、気持を引き締めて規範A（ルール）に感情Bを一致させてきましたが、もう限界です。感情Bは怒りにまで達しています。そして怒りを抑えてきた規範Aが弱まり、次第に怒りが優勢になっていきます。たて糸を組み換える時期が訪れつつあります。

次は、〈セッション8〉です。

**NF-8** 辛いです。もう体がボロボロです。疲れました。先に進めない感じです。だめです。仕事、辞めたいです……。夜も眠れません。昨日も遅くまで会社にいて、帰って寝たのは二時くらいで、朝は七時に起きて……四時間しか眠れませんでした。休みたいです。でも、休めないんです。締め切りがあります。全部、放り出してどこかに行ってしまいたい、終わりにしたいです。

でも、そんなことはできませんよね。みんなに迷惑をかけてしまいます。どうしたらいいか。進むしかないのですが、部長に頼んで何か方法はないかと、でも、たぶん、何も考えてくれないだろうと思うのです……

NFさんは、苦しい胸の内を語り続けます。頑張らないといけない規範と、もう頑張れない感情の二つのぶつかり合いが続いています。しかし、〈セッション7〉と〈セッション8〉とを比較すると明らかに感情が優勢になってきています。すなわち、〈7〉では、NFさんは頑張っています。苦しいですが頑張っている自分に疑問は持っていません。頑張れない自分を責めて落ち込んでいますが、これしかないと思っています。一方、〈8〉では、「もうダメです。頑張れません」と言い切り、彼女の頑張りは途切れ、「辛い、苦しい」と訴える感情は抑えられなくなっています。

続いて〈セッション9〉です。

**NF-9** 辛いです。苦しいです。疲れました。だめです。仕事辞めようかと思いました。夫に相談したら「そんな会社辞めてもいいよ。しばらく休んだら」と言ってくれました。私、こんなにやっているのに、部長は仕事の進行が分かっていません。見て見ぬ振りをしているのか、全然、仕事のこと見ていないのか分かりませんが、どっちにしろひどいと思います。あんな部長の下で働いて、自分が潰れてしまうのは嫌です。異動とか退職、転職とか、考えてます。

今まで、何とかやろうとしてきましたが、こんなことで自分が倒れるのは嫌です。あの部長、無能なんです。今度入って来た派遣の若い女性と仕事中にJリーグ（サッカー）のことで盛り上がってぺちゃくちゃしゃべっていて、そんなことやっている暇があったら、仕事を早く教えて、仕事させろ！　と言いたくなります。あの部長、レベル低いですよ。まったく……。

NFさんはここで初めて怒りを表出しています。ストレートな表出になりました。「規範A　頑張らないといけない」と「感情B　もう頑張れない」の対立は、さらに感情が優勢になり、その内容も「頑張れない、辛い」から「頑張れない、もう嫌だ！」に変化し、そして「こんなことで頑張るのは馬鹿らしい」まできています。規範Aが勢力を失って、怒りが前面に出てきたのです。

怒りは破壊する力です。それが規範Aを壊します。

葛藤の内容が大きく変化してきたのが分かると思います。

## （4）悩みの構造と、それが解決に向かう葛藤の三つのステージ

人の悩みを生み出している葛藤は、三つのステージで進んでいきます。それを表6に示します。

### †葛藤のステージ1　悩みの発生と自責－「悩みの構造」に囚われる

この時期、「1　不安と頑張り」、「2　抑うつ」の感情が優勢です。

私たちの日常生活は、このレベルでの葛藤をかかえて生きています。通常は生きる規範Aと生活の感情Bの対立は大きくなることはなく、適度な調和が取れていると説明しました。

しかし、人生のある時期、規範Aと現実Bの生活との間で大きなギャップが生じ始めると、AB間の葛藤は強くなり、最初は規範Aを守ろうと頑張りますが、うまくいかなくなると、「こんなことで頑張れない自分はダメだ。だらしない」と責め、これが固定してあ

（表6）　葛藤（悩み）の三つのステージ

| | 心の状態／感情 | 規範Aと感情Bとの対立 | 規範 | 感情 |
|---|---|---|---|---|
| ステージ1 | 〈悩みの発生と自責〉<br>1　不安と頑張り<br>2　抑うつ | 規範Aを守ろうと頑張るが、守れなくて自分を責める | ○ | × |
| ステージ2 | 〈自分に逆ぎれ〉<br>3　怒りの表出 | 感情Bを認めて規範Aに怒りを向ける | × | ○ |
| ステージ3 | 〈葛藤の崩壊〉<br>5　悲しみと諦め | 規範Aも認め、感情Bも否定しない | △ | △ |

る期間持続すると、苦しみや不安を自覚するようになります。

人の悩みの発生は、共通してこういった構造を持っています。つまり、「強い葛藤がある期間持続すること」が、悩みの本質です。人はこの「悩みの構造」の中に囚われてもがき苦しみます。

悩みの形式は、Aから見てBのダメな自分を批判することです。つまり、

規範A（○）⇩感情B（×）

です。

規範Aに従えない自分を批判します。「真面目／前向き／頑張り」が↓やがて「自責的」になり自分に怒りを向けて↓「抑うつ的」になり、悩みが続くようになります。

この時点では本人は疑うことなく規範Aを信じているので、規範Aそのものは意識されません。つまり、自分が信じているどんな規範が自分を批判しているのか、分からないままに悩んでいるのです。規範Aから見てダメな自分（＝感情B）が目に見える悩みのすべてで、意識の中心を占めています。

NFさんは〈セッション4、5、6〉で繰り返し「不安と頑張り」を語り、次第に仕事をこなせない自分を責めるようになりました。責める自分は規範Aに従おうとしている自分で、責められる自分は、それに従えない自分です。

自分を責め続けながら頑張りを続けると、人は「結局、同じところをグルグル回っているな」という感覚を持つようになります。この感覚は悩みが解決しない、いつも同じことを考えている、進展しない、堂々巡りだ、というものです。悩んでいる自分を自覚するわけです。

同じことを繰り返していると、人はそれに飽きてきて、自己の客観視が始まります。客観視とは「悩みの構造」の中にとらわれていた自分を自覚することです。自然と、葛藤（＝悩み）はステージ2へと進みます。

## †葛藤のステージ2　自分に逆ぎれ ―「悩みの構造」を自覚する

この時期、「3　怒り」の表出が感情の大きな部分を占めます。ステージ2では現実の気持Bをあらためて感じて、それを認めるようになります。頑張れない自分の気持ちを正当化する、開き直り、逆ぎれです。

「こんな辛い生活、もう嫌だよ！」「なんでこんなことで毎日苦しんでいないとならないんだ」とか、「もうやってられないよ」と、感情Bを認める気持が強くなってきます。すると、NFさんの場合では部長への怒りの表出がストレートになりました。怒りは同時に、ひたすら頑張っている自分、頑張らせている自分にも向いていきます。こんなこと生真面目にやっている自分は馬鹿だよ、などと言い始めます。つまり、感情Bの肯定と、規範Aへの反抗、否定です。

規範A（×）⇧感情B（〇）

「Bでもいいじゃないか！」と反発して初めて、感情Bと対立する考え方として規範Aが意識されるようになります。自分が知らず知らずに守ってきた規範Aは、自分を縛って頑張らせてきた規範Aとして自覚され、初めて思考の対象となるのです。今までの生き方をふり返り、これからもそれでいいのかと考えます。

この段階で人は「悩みの構造」を自覚して、そこから抜けだそうとします。悩みの客観視が始まるのです。

「なんでも頑張らないといけないと思ってきたけど、それってどうなの？」。NFさんの例では、自分の頑張りを否定して「私は残業しています。馬鹿ですよね」〈セッション7〉と語り、また自分の頑張りの対象である部長への批判として「部長は仕事の進行が分かっていません。見て見ぬ振りをしているのか、全然、仕事のこと見ていないのか、……どっちにしろ、ひどいと思います。あんな部長の下で働いて、自分が潰れてしまうのは嫌です」〈セッション9〉と、はっきりと感情Bを認めています。

「会社、辞めてやる！」と怒りを表現し、カウンセラーにその怒りを傾聴してもらって、NFさんは楽になりました。気持に賛成して聴いてもらえると嬉しくなります。こうしてNFさんは自分の怒り（感情B）を正式に認めることができたのです。

それにしても、「会社、辞めてやる！」とか「あの部長、レベル低いですよ。まったく……」というストレートな怒りの表現は、聞いていて気持がいいものです。

さて、これからどうなるかというと、もちろん悩みそれ自体はまだ解決していません。しばらくは、ステージ1とステージ2との間を揺れ動きます。

怒りのままに会社を辞めてしまったら生活できません。生活できても夫に頭が上がらなくなるかもしれません。人生そのものが立ち行かなくなるかもしれません。だから、仕事はすぐには辞められません。つまり規範Aも大切です。一方で、もうあふれ出した怒りを止めることもできません。「こんなこと、やってられないよ」と言う自分の気持も、正当です。

規範Aも大切、でも感情Bも否定しない。ここでAとBが対等に向かい合います。ステージ3です。

## †葛藤のステージ3　葛藤の崩壊－「悩みの構造」から抜け出す

この時期には、「5　悲しみと諦めの感情」が静かに広がります。

規範Aと感情Bの間の往復がしばらく続きます。つまりステージ1「規範A優先＝仕事は急に辞められない」とステージ2「感情B優先＝もうやっていられない、ひどい部長、自分は馬鹿」の間を往復します。一日は頑張ろうとして働き、一日はもうやっていられないと怒りを認め、次の一日はまた頑張り、……と二つの間を振動します。

これを繰り返すと、規範Aに対する客観視とともに、感情Bに対する客観視もできるようになります。「こんなことで自分は怒っているんだ」と感情Bを自覚する訳です。客観視というのは、認識する対象から自分が離れることです。対象にとらわれていた自分が、距離をとって、それに縛られなくなります。Aからも離れ、Bからも離れると、AもBもあるのだなという一種の諦めに似た視点が生まれます。

AB間の一日おきの往復運動が一時間おきになり、さらに短くなると、AとBとの間を高速振動するようになります。こうなると、AとBというより、A、Bは重なり合っていきます。互いに相容れないものが重なり合う、するとAとBの対立、すなわち葛藤は力を失ってしまいます。これが葛藤（＝悩み）の崩壊です。「悩みの構造」から抜け出しました。

気持の両側を語りつくす、感じつくす、思考と感情の高速振動が、やがて葛藤を崩壊させるのです。つまり、

| |
|---|
| 規範A（△）⇕感情B（△） |

「両方ある。これはどうしようもないな……」、「解決がつかない」、「自分がよく分からなくなった……」、「さて、そもそも、自分はいったい何を悩んでいたのだろう」。

AとBが相対立し、互いに受け入れることのできない心の状態だけれど、しかし、それはまた同時に存在する、と自覚されます。

苦しみはピークを超え、どちらにも動けない葛藤の中で深い絶望と解放が入り交じります。

すると、今まで思いも描けなかった感情が湧き出てきます。

規範A（△）⇕感情B（△）⇩C「まっ、いいか、とりあえず」

C「まっ、いいか、とりあえず」は心の解決です。それを追うように現実世界での解決が現れます。

トリックスターの登場です。

**†まずは心が悩みを解決する**

NFさんのカウンセリングも、このレベルまで達しました。心が先に解決に到達します。それを追うように現実の解決が現れます。

まずは、〈セッション10〉を見てみましょう。

**NF**-10　なんとか仕事はやっていますけど、やっぱり疲れましたね。何か、もう手がない感じです。仕事を辞めようかと思いました。でも、せっかく積み上げてきた仕事だからなと思いますし、でも、やっていられないよって、……馬鹿馬鹿しくなってきて、あんな部長の下で働いて、自分が潰れてしまうのは損ですね。

三つの仕事のうち、一つは先週、何とか終わらせました。直前、三日間は終電まで残業でした、またやっちゃいました（笑）。あと二つは放ってあります。どうなるか。部長には言っても通じないから言わないけど、少なくとも自分を削って働くのは止めました。退職、転職とか、異動とか、考えてきましたけど、別に死ぬわけではないから、まあ、もう少し様子見ようとか、いろいろです。

あの三日間以外は、もうあまり残業していません。時々は早めに帰って、家でフーッと息ついてビール飲みます。美味しいです。娘のRったら、「最近、ママ、少し余裕だね」って言うのです。あの子はどこまで分かっているのか。このところ、学校でバトン（トワリング）に夢中になっています。

AとBの緊張関係である葛藤が崩壊して、NFさんの気持は静かになっています。自分を客観視しています。諦めとか、放棄とかいう感じです。背景に流れる悲しみは、静かです。

「（残業）またやっちゃいました（笑）」と笑いがでてきました。

笑いの本質は、〝緊張の突然の解除〟です。精神的に緊張していたものが何かの拍子で一気にほぐれると、笑いが起こります。落語でも漫才でも、客がじっと息をのんで話がある方向へ流れるだろうと予測している時に、いきなり違う流れを起こして笑いを引き出します。

NFさんが笑ったのは、「徹夜をしてでも仕事を終わらせないといけない」という昔の生き方に緊張しているを自分を自覚したら、それが馬鹿馬鹿しく思えてきて、その緊張が解除されたからです。その瞬間に、NFさんは辛い生き方から離れました。生真面目な自分、頑張ってきた自分がくっきりと見えて、「よくやってきたね」と自分に言ったかもしれません。心は葛藤から自由になりました。「悩みの構造」から脱却したのです。

## ✝ついで現実の解決がもたらされる

こんな時に、トリックスターが現れます。

心を束縛して、人の悩みを作り出しているものは、古くなって現実との調整ができなくなってきた規範A、つまり「ルール」や「道徳」、「掟」、「規則」です。これらは人がみんなと一緒に生きていくために必要なものですが、賞味期限が過ぎてしまうと、逆に心を束縛して悩みを生み出します。

「掟」に縛られて、Xさんが苦しんでいます。人と一緒に生きていくためには掟を守っていかねばなりません。頑張らないといけませんが、しかし、もう疲れてしまってそれを守れません。Xさんは毎日、毎日、苦しんでいます。そこに、いたずら者で、掟破りのトリックスターが現れて、Xさんに「膝、カックン」をします。

深刻に悩んでいたXさんは「何をするんですか！」と怒りますが、よろけてころんだ瞬間に掟を破ってしまいます。気を取り直して、汚れた服を叩きながらXさんは起き上がり、再び、掟を守りますが、ああ、不思議なことに、もう苦しくはありません。掟は掟、自分は自分だったのです。気持がとっても楽になったので、トリックスターにお礼を言おうとしたら、彼はもういませんでした。

生き方が変わって、悩みが消える。その時に起こるのはこのようなことです。

トリックスターは、無意識が作り出す自己組織化（self-organization）の力です。自然にやって来て、不要になれば消えていきます。新しい組織化が起こる時は、古い物の一部を壊さないとなりません。それが「膝、カックン」です。

ＮＦさんの場合、トリックスターは部長とのやり取りの中で登場し、ＮＦさんに思いがけない発言をさせてしまうのです。

カウンセリングの〈セッション11〉です。

**NF**-11　ええ、何とかやっています。まあまあです。

仕事は相変わらず忙しくて、追われています。先週、すごく忙しくてキリキリしている時に、あの部長に呼ばれて「NFさん、急ぎでこの仕事やってくれませんか」と言われました。私がどれほど忙しいか、分かっているはず、今の仕事だって無理やりにねじ込んだのはあなたでしょって、でも、いつもだったら「分かりました。何とかします」と言っている自分だったのに、その時に思わず私の口から出たのは、

「ダメです、今、とっても無理です！」

でした。きっぱりとした口調で言っていました。私、自分にびっくりしました。それ以上に部長がびっくりしたようで、部長は狐につままれたようにぽけっとした顔をして、それから「あ、ああ、……『無理！』……そ、そう」って黙ってしまいました。私、すぐにその場を離れて自分の席に戻りました。席についてからも私は冷静で、あんなこと言ってしまった、すごい……とか、思っていました。こんなことって起こるんですね。

**Co**-11　よかったですね。すごいですね、きっぱり断っちゃったのですね。

NF-11　ええ、そうなったのです。どうしてこんなことが起こるのですか？
Co-11　それはNFさんが自分の心の中を深く探って、心を整理してきたからでしょうね。心を整理すると、我慢して詰まっていた感情が解き放たれて、それから生き方の新しいつながりができるのです。それで、今回は脳の中に「無理なことを頼まれたら」→「無理ですと断る」という回路が出来上がったのでしょう。よかったですね。
NF-11　おかげさまで、ありがとうございます。ここで自分の気持ちとか、考えを話してきてそうなったのですね。（後略）
Co-11　ところで、NFさんが長い間、我慢してきた感情って何か分かりますか？
NF-11　えーと……（しばらくNFさんは心の中を探っているようでした）
……恐怖です。
私、ずっとあの部長が恐かったのだと思います。ちゃんとしないといけないって、ちゃんとできなかったら嫌われるって……それで、分かったのは、私はずっとどこかで人を恐れていた、人が恐かった。それで断れなかったのだということです。先々週のことですが、久しぶりに真夜中に目が覚めてしまって、ベッドの上に起き上がってしまいました。
世界中の人から自分がのけ者にされるような、よく覚えていませんが、そんな夢を見た気がします。目が覚めて恐かったです。少しボーッとしていましたが、もう一度横になったら眠れました。

**Co**-11 NFさん、よかったですね。夢の中で恐怖も流れたし、心はすっきり、ですね。

**NF**-11 えっ？

**Co**-11 ええ、おそらくずっと感じていた恐怖が流れ出して自分から消えていく体験をしたのでしょう。恐怖は「頑張らないといけない」の根元にあった感情です。気持の変化が大きい時期にそれが出て、流れるのです。すると、「頑張らないといけない」という頑固な気持が柔らかくなっています。

**NF**-11 ええ、つながっているのですね。分かります。

**Co**-11 心は深いところでつながっています。それが見えると苦しみや悩みは消えます。気持を言葉にして、自分を感じて、心を整理して、それで待っていると自然に悩みは消えていきます。

**NF**-10 ええ、分かります。「話して、感じて、理解して、待つと、解決する」、ですね。その通りでした。

**Co**-11 もう、いろんなこと、何とかなるだろうと思えるでしょう。

**NF-11** そうですね、何とかなっていくものですね。最近の私の口癖、「まっ、いいか」です。「まっ、いいか、なんとかなるだろう」ってよく自分に言っています。気楽です。そういえば、また娘のRにいわれました。「最近、ママってお気楽ね」って言うのです。面白いです。でも私、今回はうまく返しました。「あんたもバトンに夢中でお気楽な小学生ね」って、するとRは「うーん、そうでもないけど、まあ、お友達とはいろいろあるけどね」と言いました。

**Co-11** 気持が大きく入れ替わりましたね。

**NF-11** はい。

悩みを深め、その底にある怒りを感じて、自分を客観視できるようになると新しい言葉が見つかり、生き方が変わります。NFさんは「だめです（できません）」と「まっ、いいか」という言葉を見つけたようです。

### †不安を封印するために作られたルール

生きるためのルール、それは人がみんなと一緒に、仲良く、安心して生きていくために必要なもので、長い時間をかけていろいろな合意のもとに決められてきたものです。ルールができれば、私たちは生活の不安にいちいち振り回されずに安心していられます。一方、ルールは一度、決めた以上は「守らないといけない」「破ってはいけない」という強制が働きます。私たちはルールを守り、それに従って生きています。

スポーツのルールでも同じです。スポーツのルールは「闘いを楽しむ」ために作られたのですが、試合中はそれを守らなければなりません。破ったらレッドカードで退場です。

人生のルールはそれよりももっと強いもの、破ったら人生から退場しないといけない、つまり社会からはじき出され、のけ者にされてしまうので、そこには破ることへの強い恐怖があります。しかし、普通はこの不安・恐怖はそれほど大きくはなく、破ったとしてもNFさんのように夢の中に出てくる程度です。

### †死の恐怖を封印するための理不尽なルール

しかし、虐待されて育ってきた人の場合、ルールを破る恐怖心はとても大きく、人生全体を縛っています。極端な話ですが、彼らを例にして説明しましょう。

小さい頃に、親から理不尽に脅されたり、激しく叱られたり、理由のない暴力をふるわれていたら、子どもは死の恐怖を感じ続けるでしょう。実際に「殺してやる」とか、「暗い森の中に捨ててやる」と脅されます。子どもは、その恐怖に耐えられません。

そこで恐怖を忘れるために自分でルールを決めます。「自分はわがままを言わないで、耐えていなければならない。そうすれば殺されない」というルールです。彼らの生きるためのルールです。もちろんルールを守っていたからといって殺されない保証はないのですが、しかし、恐怖を抑圧して、何かを信じて生きていくためにはそのルールが必要なのです。

抑圧というのは自分の生存をおびやかす感情を無意識の中におさえつけ、蓋をして意識に上らないようにすることです。「頑張れば大丈夫」とか、「真面目にやろう、そうすれば大丈夫」とか、「人に嫌われないようにしよう。そうすれば、大丈夫」などのルールが恐怖に蓋をするために必要です。

大人になって普通の生活ができていれば、もう小さい頃の虐待の恐怖に蓋をする必要はないのですが、一度、封印された蓋は簡単には開けられません。一度決めた掟を破ってはならないからです。

ルールと不安・恐怖との関係を虐待の例をあげて説明しました。普通の家庭で育った人にとってはやや極端な例かも知れません。しかし、ルールを作って生活を規制し、不安に振り回されないようにする構造は共通です。

## †一生懸命に生きる

NFさんの場合にもどります。

彼女は虐待をされていたわけではありませんが、生きるためのルールは人より少し厳しかったようです。「人に嫌われないようにしよう」というルールが無意識の不安・恐怖と結びついていたので、部長の無理な依頼を断ることが出来ませんでした。

NFさんは葛藤に向き合って、それを解きました。その時に恐怖が流れて夢にでたのです。

一生懸命に「生きる」というのはそんな不安・恐怖をどこかでかかえながら頑張っていることなのです。心の仕組みは、とても興味深いものです。

カウンセリングは、もう不要となった蓋を開いて抑圧されている感情を解き放つ作業です。

じっくりと傾聴してもらえると、それは自然に開きます。蓋をあけて我慢してきた不安・恐怖を見る瞬間は少し恐いですが、ゆっくりやれば大丈夫です。それに、だいたいは「トリックスター」が現れて、現実の解決策を教えてくれます。繰り返しになりますが、「トリックスター」はクライアント自身の中にある自己組織化する力です。

## （5）一度死んで、生き返るほどの葛藤

葛藤の解除が生き方を変えます。虐待を受けてきた人の場合は、この葛藤がとても強く抑圧された恐怖も大きいと説明しました。そういう場合、葛藤の解除が単なる生き方を変えるにとどまらず、生き方を根底から壊してしまう場合があります。つまり、一度精神的に死んで、生まれ変わるくらいの大きな変化になるということです。その例を紹介します。

精神的に死んでしまうことを「ブラックアウト」とか「精神的な崩壊」と私は呼びます。ブラックアウトの場合、トリックスターは登場しません。トリックスターは自己組織化の力ですが、その力は違う形で出現してクライアントを助けます。

### †パニック障害になって四五歳で引退した男性

ブラックアウトを起こしたのは、ＪＪさんです。

彼は四八歳の独身男性で、高校卒業後、二三歳でＩＴの会社を起業して成功しました。

会社は大きくなりました。しかし、四五歳でその会社を後輩に譲り、引退しました。今はマンションに一人で住んでいます。引退の理由は誰にも話していませんが、体も心もぼろぼろになり、パニック障害を発症してしまったからでした。

パニック障害とは、満員電車や飛行機などの閉鎖された空間の中にいる時に、「自分は閉じ込められて動けない」と急に不安になって、やがて動悸が激しくなり空気が吸えない、呼吸ができないような苦しさに襲われることです。呼吸ができないと死の恐怖が押し寄せてきます。

これに似た体験は多くの人にもあるでしょう。子どもの頃、私はかくれんぼをしていて小さな物置に入り込みました。「ここなら誰にも気づかれないだろう、しめしめ」と思っている時に、鍵が閉まってしまったことに気づきました。このまま閉じ込められたらどうしよう、息苦しくなってきて、死んでしまうかも知れないと大パニックになったことがあります。

パニック障害というのは、こういった不安発作を、大人になってからも電車や飛行機の中で何度も起こすことです。それも「鍵が閉まった！」という状況ではなくて、ごくありふれた閉鎖空間で起こしてしまうのです。一度起こしてしまうと、電車や飛行機に乗れなくなってしまいます。

ＪＪさんは、四三歳頃から症状が出始めました。最初は出張の飛行機の中でしたが、次第に街中でも起こすようになり、週に二回、三回と続くこともありました。その度に仕事に支障が出てしまいました。心臓の病気を疑われて何度も入院して検査を受けましたが異常は見つからず、最後にパニック障害と診断されました。それで引退を決意したのでした。引退して三つ、四つの精神科に通いました。いずれも診断はパニック障害でしたが、薬の治療だけではすっきり治らず、私のところに相談に来ました。これから紹介するブラックアウトが起こる一年前のことです。その時の会話をまず紹介しましょう。

**ＪＪ**　私の症状は薬では治らないのですか？
**Ｃｏ**　薬は対症療法で、一時的に症状は抑えられますが、完全には治りません。
**ＪＪ**　根本治療には何が必要ですか？
**Ｃｏ**　精神療法、カウンセリングです。
**ＪＪ**　カウンセリングで何が変わるのですか？
**Ｃｏ**　たとえ話ですが、カウンセリングで起こることは、自分自身を表現する、より「しっくり」した言葉を見つけることです。その言葉を取り入れたり、すでに使っていた言葉でも使う順番が変わったりすることです。そうすると、今まであなたが使ってきた人生の文法（シンタックス）が変わります。その結果、飛行機や電車の中の状況を今までとは違う仕方で理解するようになり、パニック障害が起こらなくなります。
**ＪＪ** 本当ですか？　そんなことが起こるのですか？
**Ｃｏ** 本当です。起こります。
**ＪＪ** へぇー。面白いですね。
**Ｃｏ** ええ、カウンセリングは面白いですよ。
**ＪＪ** コンピュータにたとえたら、プログラムを書き換えるみたいな感じでしょうか。これから私はより「しっくり」を感じる言葉を見つけて、自分のプログラムを書き換えるのですね。
**Ｃｏ** その通りです。書き換えがより深いレベルで起こると、ＯＳ（operating system：コンピュータ全体をコントロールするソフト）の書き換えが行われることもあります。その時は、一度ブラックアウトすることがあります。でも、その時は自己責任ですよ。よろしいですか。
**ＪＪ** えっ、ブラックアウトというと？
**Ｃｏ** 書き換えがＯＳレベルで起きると、自分が分からなくなってしまう瞬間があるのです。コンピュータの再起動みたいなものです。もちろん、大丈夫です。最後まで見守

ります から。

**ＪＪ**　へぇー、そんなことも起こるのですか。すごく面白そうですね。ぜひ、カウンセリングを始めたいです。よろしくお願いいたします。

**Ｃｏ**　分かりました。では、始めましょう。

### †一年後、ブラックアウトを起こしたＪＪさん

こうしてカウンセリングがはじまりました。その約一年後、ＪＪさんにブラックアウトが起こりました。

ある日、一度も休まずに通っていたカウンセリングに彼は現れませんでした。一人で部屋にいる時、忘れていたはずの虐待の記憶が次々によみがえり、恐怖におびえて動けなくなりました。部屋の中でうずくまり、自分が誰だか分からなくなりました。ブラックアウトは、一週間続きました。

なぜそんなにひどいブラックアウトが起きたかというと、彼は小さい時に激しい虐待を受けて心の底に死の恐怖をかかえていたのです。過酷な環境を生き抜くために厳しい自己規制（ルール）を課してその恐怖を抑え、人の数倍も頑張って生きてきたのです。

彼は一人っ子で、父親からは殴る蹴るの身体的虐待、母親からは食事を出してもらえな

い、熱があっても病院に連れて行ってもらえないなどのネグレクト（養育放棄）を受けてきました。幼稚園にも保育園にも行かせてもらえなかったので、小学校に上がったときはひらがなも読めず、自分の名前も書けませんでした。「丈治」という自分の名前を知りませんでした。

学校の先生の言っていることが理解できず、机に座るとか、本を開くという意味も知らなかったので、ポーッとして座っていたかと思うと勝手に教室の外に出てしまった、と言います。彼は発達障害児と見られていました。

小学四年の頃になってやっと学校というシステムを理解できて、おとなしく授業を聞けるようになりました。それから急に成績が上がり、中学ではトップに仲間入りしました。しかし、高校の学費を出してもらえず、アルバイトをしながら定時制高校を卒業しました。高校の頃、親は離婚していて母子家庭でした。アルバイトのお金は学費以外は母親に取られていました。いつ親が離婚したのかも知りませんでした。

会社を起こして必死に働き、大きくしました。従業員に優しい社長さんで、中卒で苦労している若者を採用して育てました。生まれてから四〇年間、ずっと頑張りました。しかし、四〇を過ぎてパニック障害を発症して倒れてしまいました。人が恐くなり、会社を譲った後はマンションの一室に引きこもって一人で震えていました。

頑張る、我慢する、必要な義務をこなす、人を助けるが彼の生き方（＝ルール）でした。そして、十分にそれが出来ない自分をいつも責めていました。パニック障害は抑えこんでいた不安・恐怖が何かのきっかけで噴出してしまう病気です。一度起こすと繰り返します。頑張れば何とかなるは、頑張れば恐くない、頑張れば親に捨てられない、殺されないという小さい頃の彼の生き方、恐怖に蓋をするためのルールでした。そして、頑張れない自分を、いつも憎んでいました。

ＪＪさんはカウンセリングの中で、頑張って人を助けたいと思ってきたのは、本当は自分が愛されたかったからだと理解しました。

その時に、ただ頑張るだけ、人に尽くすだけの彼の生き方は根本から壊れてしまいました。頑張りが途切れてしまうと、蓋をしてきた恐怖が噴き出します。ある日、突然、彼は動けなくなりました。

三日三晩、虐待の記憶がフラッシュバックして一睡もできないまま暗い部屋の隅でうずくまり、恐怖に耐えていました。地獄の中を這いずり回っていました。

四日目の朝、「神様が助けに来てくれました」。高層マンションの窓に朝日が差し込み、部屋の中が白くなりました。真っ白になって何も見えなくなりました。恐怖は消え、心は静かでした。それから、丸二日間、白い世界の中にいて、三日目から部屋の中の様子が見えてきました。でも、色はなく白黒でした。さらに一日が過ぎて、カラーになりました。気づいたら一週間、ほとんど何も食べていませんでした。

「白いご飯を炊いて、味噌汁を作りました。海苔と、キュウリのお新香しかなかったけど、それまで食べたどんなフルコースの料理よりも美味しかったです。ゆっくり噛んで飲み込みました。『美味しい』と自分に言って、涙が流れました。よく頑張ってきたなと思えて、ああ、自分を好きになっている、自分を愛せるようになったと思いました。

その時、浮かんだのは、『ああ、つじつまが合ったな』という言葉です。人生のつじつまが合いました。最後に神様が現れてそうなったのかなと思います」

「先生、気がついたらカウンセリングの約束を忘れていました。すみません。僕は生まれ変わりました。もう今までとは違う世界に生きているようです。毎朝、朝日がきれいで味噌汁が美味しいです。先生が言ったブラックアウトがこれだったのですね」

彼が見つけた言葉は、朝日がきれい、味噌汁が美味しい、自分を好きになる、の三つでした。

第六章

# 自分の心を聴く

――自分を聞いて→自己理解すると、自己受容されて→悩みが消える

### †聴く技術は自分を知る技術

聴く技術の四つのステップについて説明してきました。お分かりでしょうが、「聴く技術」は実は「心を知る技術」です。ですので、ここまで学んできた「聴く技術」は、そのまま自分の「心を知る技術」として活用できます。せっかく学んできたのですから、それを自分の心に適用しないのはもったいないかもしれません。

自分の気持を聴く、それはいつでもどこでもできることです。

どんなふうにやるか、簡単に説明しましょう。

### †①結論を出さずに、黙って自分を聴く

自分の心に浮かんだ言葉や感情を黙って聴きます。どんな思い、感情、考えが浮かんできても、そのまま聴きます。

怒りがわいてきたら、そうだなと思います。普通は怒りがわいてきたら、それをなんとか自分でコントロールしようとします。まずは、怒りを抑えようと試みます。しかし、怒りが強すぎると、今度は何か行動を企てます。ともに自然な心の流れです。自分を黙って聴くというのは、怒りを抑えたり、怒りを実行しようと考えたりしないで、ただ、自分は

怒っているのだなと思えることです。

例えば、数日前の会話を思い出して、友だちのS君に対する怒りがわいてきたとします。「あの時はそれほど気に留めなかったけど、考えてみれば、あんなことを言ってくるなんて礼儀知らずだな……」とかです。

人は、まずは怒りを抑えようとします。「そんなふうには考えないようにしよう」とか、「彼にも何かの理由があったはずだ」とか、そう考えてみます。また逆に、怒りが強ければ、「今度会ったら絶対に文句を言ってやろう」とか、「こう言い返してやろう」とか、考えます。ともに、心の自然な動きです。

怒りを抑えるのは規範Aです。文句を言おうとするのは感情Bです。ここにも悩みの構造である葛藤があります。

黙って聴くとは、気持を抑えようと自分を説得しても、相手への文句の言い方を考えても、どちらがいいかと結論を出さずに、二つのそれぞれを認めてそのままにしておくということです。大きな怒りだと無理かも知れませんが、小さな怒りなら聴き遂げられると思います。余裕のある時に試してみるといいと思います。できるとスーッと怒りが引いていくのが分かります。

では、喜びを感じたらどうしたらいいでしょうか。これもそのまま聴きます。

嬉しいな、よかったなと思います。その時間を楽しみます。

しかし、喜びであっても黙って聴けないことがあります。「もっと楽しいこと、いいことを考えよう」とか、「また喜べるように頑張ろう」とかです。逆に「こんなことで喜んではいけない、『勝って兜の緒を締め』ないと」などと考えることもあります。ともに、心の自然な動きです。

喜びを素直に受け入れようとしない心には、規範Aがあります。規範Aはそのままにして、喜んでいられるといいです。

### ②何か理由があるはずだと、賛成して自分を聴く

どんなことを思っても感じても、自分の中から出てきたことだから何か正当な理由があるはずだ、と賛意をもって聴くということです。

自分に賛成して聴く、とても難しそうですね。

だいたい私たちは、どこかで自分を嫌っています。それは自分が決めたことや、自分が作ったルール（規範A）に従えない自分がいて、それを嫌うからです。だから、規範Aが強い人は、自分を嫌う度合いも比例して強くなります。もちろん、きちんと礼儀正しく生きるためには自分を嫌うことも大切です。そうじゃないと、もともと私たちはだらしなく

ていい加減なところが多いので、生きていけないかもしれないからです。だから、嫌ってもいいので、そういう自分を責め過ぎないようにします。自分を嫌うのも、好きになるのも、ともに、心の自然な動きです。

他人のことのように、自分に対して「いろいろあってそう感じてしまうんだよね」と言ってあげられたら、自己カウンセラーとして一流です。賛成して聴くということです。

どうしても賛成できない思いや、感情が出てくるかもしれません。その時は「残念ながら今は賛成できない。間違ってもいいから思う通りにやってみなさい」と伝えて、それはそのままにしておきましょう。聴けなくなった時の対症療法です。そのうちに、何かのきっかけで賛成できる理由を見つけられるでしょう。

自分に賛成して聴くというのは、いわゆる「ポジティブ・シンキング」とは違います。一番の違いは、自分の中に「話す自分」と「聴く自分」がいることです。ポジティブ・シンキングでは「話す自分」（あるいは行動する自分）の一人しかいないので、それに賛成し続けることになります。結局、無理が生じます。

一方、「聴く自分」を立てると、「話す自分」に賛成しやすくなります。その理由は、「話す自分」を客観的に見る視点ができるからです。客観的になるとは、対象物から離れることです。自分が自分から離れるのです。

人間の心は不思議なもので、危機に直面して自分がどうしようもなくなると、自分の中に「話す自分」と「聴く自分」を自動的に作り出して、目前の危機に対処することがあります。

「その報告を聞いてショックを受けました。どうしていいか分からず、頭が真っ白になりました。ああしよう、こうしなければと頭の中をいろいろな考えがめまぐるしく駆け巡っていました。焦って、焦ってまとまらない。そのうち、手が震えてきました。そうしたら、ふっと焦っている自分を見ている冷静な自分がいて、それに気づいたらスーッと気持が楽になって、『今は焦ってもしようがないよ……』と思えました……」

こう報告してくれたのはT君です。彼は会社での大事なプレゼンテーションの直前に、母親が入院したとメールを受けたのです。メールは姉からでした。「取りあえずは心配ないから、仕事の帰りに来て下さい」と病院の連絡先が記してありました。ここ数カ月、心臓の病気で検査を受けていた母親でした。

焦っている自分を、もう一人の「聴く自分」が賛成して聴いてくれたのですね。それで動揺はおさまり、T君は仕事をやり遂げることができました。ここまできれいに「話す自分」と「聴く自分」が分離しなくても、似たような心の動きは誰にでもあります。自分のことを冷静に聴くという作業は、共通です。

「聴く自分」を立てるという行為は、別の言い方をすれば、自分に対する評価（ジャッジメント）をしないと言うことです。自分にすべて賛成すれば、評価はなくなります。結果、自己評価が上がり、満足が広がります。

自分の心に浮かぶ考え、その時に感じた感情、感覚、それらにすべてを賛成して聴けるようになると、人はどうなるでしょうか？

そうです、とっても楽になって、だいたいの悩みは消えてしまうはずです。

### †③言葉が出てくる前の、感情を聴く

先の「黙って自分を聴く」で述べた、S君への怒りの例を思い出してください。彼は数日前のS君との会話を思い出して怒りました。思い出させたのが怒りの感情です。「あの時はそれほど気に留めなかったけど……」、実は怒りが残っていたのです。

このように、私たちが自分の言葉を聴く場合には、最初から自分の感情を聴いています。まだ言葉にしていない感情を聴いているのです。それに気づけましたか？

どういうことかというと、感情→言葉の順で思考は進んでいるということです。S君に対する二つの言葉、①怒りを抑えようとする言葉「S君にも何か理由があるはずだ」と②「今度会ったら文句を言おう」は、S君への怒りを感じて、それへの対処法で悩んでいる

時に生まれてくる言葉です。感情が生まれ↓その対処を考えていると↓言葉が出てくるのです。悩みが生じていれば言葉は必ず二通りになります。葛藤ですね。

こういったことに気づいて、ああ、自分は怒りを感じたんだな、と聴くことが自分の感情を聴くことで、それは言葉よりも深いレベルで心を聴くことになります。

目の前の緑豊かな木が、そよ風にゆれて光っています。私たちは「わあ、きれいだな。緑が光っている」と語ります。しかし、光る緑の木は私が「きれい」と言葉にする前に、すでに私の中にポジティブな感情を呼び起こしています。言葉は、その感情の一部を切り取って形のある音（言語の恣意性）にしたものです。それは人に伝えるためや、自分の記憶に残すために行う作業です。

心はまずは感情のレベルで動いて、その後に、それを相手に伝えるために言葉を使うのです。感情が言葉に翻訳されていきます。言葉は社会的なもの―みんなで共有したもの、です。ということは逆に、私が感じた「光る緑の木」についての感情が言葉に翻訳される時に、社会的に妥当なもの（＝伝わるもの＝言語）になって、そこに含みきれないものは残されてしまうのです。

私が発した言葉を聴いて、相手は私を理解します。厳密に言えば、私が「光る緑の木」について感じたことと、その言語の表現を聴いて相手が「光る緑の木」について感じたことの間にはギャップがあるはずです。でも、それはそれ、通常は社会的にうまく機能するように自動調整されています。

もし、あなたが自分の感情そのままを聴くようになると、このギャップは生じません。話し手と聴き手が同じ人だからです。

カウンセリングでは、カウンセラーは最初にクライアント（他人）が社会的に翻訳した言葉を聴き、その後に、想像力を働かせて本当の感情を聴くのです。クライアントが本当に言いたいことは、言葉を越えた感情の中にあります。

自分の心もそうです。言葉だけにとらわれないで、その時々の、言葉が生まれる前の、自分の感情に耳を傾けると、日常生活の言葉のレベルでは気がつかなかったことが見えてきます。

話している言葉よりも、感情のほうがリアリティがあって身に迫ってくるでしょう。言葉にはない感情の強さです。

では、深い感情のその下には何があるでしょうか？　おそらくあなた自身の「自己」があるのでしょう。

## ④解決がないと思って、自分の葛藤を聴く

葛藤は、解決できない矛盾です。でも、これは言葉のレベルで起こることです。二つの自分、例えば、感情B「腹が立って友だちに文句を言いたくなる」、でも、規範A「大人げない、親友だからそんなことしてはいけない」とも思う。これは葛藤です。カウンセリングでは、そういう場合は両側を肯定してあげればいいのだと、学びました。葛藤の両側を肯定する、です。

じゃあ、自分の場合は実際にどうするのか？

でも、文句を言って友だちを失ったら不安、そうです、確かに、文句を言って失うこともあります。でも、きちんと文句を言って、より親しくなることもあります。どっちもありだ、と思えるけど、でも、本当に失ったらどうしよう……と再び不安になる。じゃあ、今回は言わないで我慢しよう、でも、そうしたら気持がおさまらない、やっぱり腹が立つ……。きちんと伝えて分かってもらいたい……。

葛藤です。

事例で学んだように、葛藤がピークに達すると、何も考えられなくなって、静寂が訪れ、ただ待つだけの時間になります。力が抜けます。諦めると……、微かな悲しみを感じます。「ああ、こんなことで悩んでいる自分、必死になっている自分、考えてみれば可哀想だな

……」

ここまでくると思い詰めた葛藤はそのままになり、手放せます。手放すとは、言葉のレベルを出る、ということです。言葉を捨てて、そのままにしておきます。

そんな時にまたS君に会う機会があったら、トリックスターが登場するかもしれません。トリックスターは必ずいい方向へと解決を促してくれるから、安心していればいいでしょう。

## †自己理解から自己受容へ

他人の話を聴くとは、相手の心を理解する作業です。

自分の話を聴くとは、自分の心を理解する作業です。

自分のことを全部理解できたとしたら、どうなるでしょうか?

**おそらく、悩みが全部、消えるでしょう。**

そこまでの体験は筆者にもありませんが、理論的にはそうなるはずです。

面白そうです。ぜひ、体験したいものです。

心を聴く技術は自分を聴く技術、言葉を見つけ、言葉を超えて、心をそのままに認める技術です。

# おわりに

本書の最後にお伝えしたいこと、それは、心は論理的に動く、ということです。

一般には、心は移ろいやすい、感情はコントロールできない、心理は客観的ではないなど、心は曖昧でとらえにくいものとされていますが、そんなことはありません。

心の動きはとても論理的です。

ただし、心のより深いレベルをみていくと、という条件の下で、です。

心はそのより深いレベルではとても論理的に動いています。

本書で説明した聴く技術「四つのステップ」の内容は、一から四へ心がより深くなっていく順番になっていると説明しました。こういう視点で日々、クライアントの心の動きや自分自身の心の動きを見ていくと、「ああ、論理的に動いているな」と感心させられることが多々あります。

論理的だということは、科学の本質であるとされています。専門的な言い方をすれば、その理論が反証可能性（falsifiability）を持っているということです。反証可能性というのは、「心はAの場合にはBに動く」という理論があった時に、その内容から論理的に、「じゃあ、Cの場合にはDに動くはず」と推論できるとして、実際に心がCの時にDになるかを確かめられるか（反証可能性を持つか）ということです。確かめられなかったら、その理論は間違っていたことになります。

目の前のクライアントの心の動きを感じていて、「ここで、自身の怒りに気づければ、心は楽になる」と推論して聴いていると、しばらくして実際にそうなる、あるいは、理論的に考えるとそろそろトリックスターが登場してもいい頃だ、と思っていると、現実にそんな「事件」が起こる、などということです。

このように推論が成り立つという意味で心は論理的（つまり科学的）なのです。

さて、「聴く技術」は、言い換えると安心して相手の話を聴くための技術です。聴けなくなるのは聴き手が不安になるからだと説明してきました。

この時に、〝安心して聴ける〟を保証してくれるのが心の論理性です。

心が論理的に動いていると思えたら、話を聴いていても安心できるはずです。

例えば、「今は〈ステップ3〉で苦しんでいるけれど、その恐怖を言葉にできれば、きっと楽になるはず」とカウンセラーは推論しながら聴きます。そうすれば、辛い話や出口がないと思われる気持も安心して聴けるのです。そして、安心して聴いていると、聴き手の安心が話し手に伝わり、話し手は自由に語って心はどんどん深まっていき、心の動きがさらにはっきりと見えてきます。そして、最後には、心は望んだように動き、悩みは解決していくのです。

心にはより深いレベルを理解していこうとする自然な「力」が備わっています。自己組織化する「力」です。この力に導かれて、心は自然により論理的で、より安定した状態に進んでいくようです。

「聴く技術」を軸にお話しさせていただいた心を探る旅、お楽しみいただけたでしょうか。人の話を聴くために、自分の心を聴くために、本書が少しでもお役に立てれば幸いです。

二〇一九年一〇月吉日

高橋　和巳

帯・章扉イラスト　岡本かな子

ちくま新書
1456

精神科《せいしんか》医《い》が教《おし》える聴《き》く技術《ぎじゅつ》

二〇一九年一二月一〇日　第一刷発行
二〇二四年　九 月二〇日　第五刷発行

著　者　高橋和巳（たかはし・かずみ）
発行者　増田健史
発行所　株式会社　筑摩書房
東京都台東区蔵前二-五-三　郵便番号一一一-八七五五
電話番号〇三-五六八七-二六〇一（代表）
装幀者　間村俊一
印刷・製本　三松堂印刷　株式会社

ISBN978-4-480-07275-7 C0211

1226
「母と子」という病
高橋和巳
人間に最も大きな心理的影響を及ぼす存在は「母」であり、誰もが逃れられない。母を三つのタイプに分け、それぞれの子との愛着関係と、そこに潜む病を分析する。

1202
脳は、なぜあなたをだますのか
——知覚心理学入門
妹尾武治
オレオレ詐欺、マインドコントロール、マジックにだまされるのは、あなたの脳が、あなたを裏切っているからだ。心理学者が解き明かす、衝撃の脳と心の仕組み。

1233
ルポ 児童相談所
——一時保護所から考える子ども支援
慎泰俊
自ら住み込み、100人以上の関係者に取材し「一時保護所」の現状を浮かび上がらせ、課題解決策を探る。若き社会起業家による、社会的養護の未来への提言。

1235
これが答えだ！ 少子化問題
赤川学
長年にわたり巨額の税金を投入しても一向に改善しない少子化問題。一体それはなぜか。少子化対策をめぐるパラドクスを明らかにし、この問題に決着をつける！

1242
LGBTを読みとく
——クィア・スタディーズ入門
森山至貴
広まりつつあるLGBTという概念。しかし、それだけでは多様な性は取りこぼされ、マイノリティに対する差別もなくならない。正確な知識を得るための教科書。

1288
これからの日本、これからの教育
前川喜平
寺脇研
二人の元文部官僚が「加計学園」問題を再検証し、生涯学習やゆとり教育、高校無償化、夜間中学など一連の改革をめぐってとことん語り合う、希望の書！

1303
こころの病に挑んだ知の巨人
——森田正馬・土居健郎・河合隼雄・木村敏・中井久夫
山竹伸二
日本人とは何か。その病をどう癒やすのか。独自の精神医療、心理療法の領域を切り開いてきた五人の知の巨人たちを取り上げ、その理論の本質と功績を解説する。

1304
ひとり空間の都市論
南後由和
同調圧力が高い日本の、おひとりさま。だが都市生活では、ひとりこそが正常だったはずだ。つながりやコミュニティへ世論が傾く今、ひとり空間の可能性を問い直す。

1321
「気づく」とはどういうことか
――こころと神経の科学
山鳥重
「なんで気づかなかったの」など、何気なく使われることの言葉を手掛かりにこころの不思議に迫っていく。注意力が足りない、集中できないとお悩みの方に効く一冊。

1323
朝ドラには働く女子の本音が詰まってる
矢部万紀子
女子はなぜ朝ドラに惹かれるのか。それはヒロインの人生の戦いは、すべての働く女子の戦いに重ねられるから。炸裂する女子のホンネから現代社会も見えてくる。

1324
サイコパスの真実
原田隆之
人当たりがよくて魅力的。でも、息を吐くようにウソをつく……。そんな「サイコパス」とどう付き合えばいいのか？　犯罪心理学の知見から冷血の素顔に迫る。

1333-5
格差社会を生き抜く読書
【シリーズ ケアを考える】
佐藤優
池上和子
波瀾万丈な人生を歩んできた佐藤氏と、貧困の現実に詳しい臨床心理士の池上氏が、格差社会のリアルを語る。危機の時代を生き抜くための読書案内。

1336
対人距離がわからない
――どうしてあの人はうまくいくのか？
岡田尊司
ほどよい対人距離と親密さは、幸福な人間関係を維持していくための重要な鍵だ。臨床データが教える、社会にうまく適応し、成功と幸福を手に入れる技術とは。

1338
都心集中の真実
――東京23区町丁別人口から見える問題
三浦展
大久保1丁目では20歳の87％が外国人。東雲1丁目だけで子どもが２４００人増加。中央区の女性未婚者増は男性の倍。どこで誰が増えたのか、町丁別に徹底分析！

1360
# 「身体を売る彼女たち」の事情
## ――自立と依存の性風俗
坂爪真吾

なぜ彼女たちはデリヘルやJKリフレで働くのか？　そこまでお金が必要なのか？　一度入ると抜け出しにくいグレーな業界の生の声を集め、構造を解き明かす！

1366
# 武器としての情報公開
## ――権力の「手の内」を見抜く
日下部聡

石原都知事（当時）の乱費や安保法制での憲法解釈の変更など公的な問題に情報公開制度を使って肉薄した毎日新聞記者が、その舞台裏を描き、制度の使い方を説く！

1371
# アンダークラス
## ――新たな下層階級の出現
橋本健二

就業人口の15％が平均年収186万円。この階級の人々はどのように生きているのか？　若年・中年、女性、高齢者とケースにあわせ、その実態を明らかにする。

1373
# 未来の再建
## ――暮らし・仕事・社会保障のグランドデザイン
井手英策
今野晴貴
藤田孝典

深まる貧困、苛酷な労働、分断される人々。現代日本の根本問題を抉剔し、誰もが生きる上で必要なベーシック・サービスの充実を提唱。未来を切り拓く渾身の書！

1384
# 思いつきで世界は進む
## ――「遠い地平、低い視点」で考えた50のこと
橋本治

「あんな時代もあったね」とでは済まされないここ数年の怒濤の展開。日本も世界も「思いつき」で進んではいないか？　アナ雪からトランプまで縦横無尽の時評集。

1402
# 感情の正体
## ――発達心理学で気持ちをマネジメントする
渡辺弥生

わき起こる怒り、悲しみ、屈辱感、後悔……。悪感情に翻弄されないためにどうすればいいか。友情や公共心を育み、勉強や仕事の能率を上げる最新の研究成果とは。

1414
# 武器としての世論調査
## ――社会をとらえ、未来を変える
三春充希

内閣支持率は西高東低。野党支持は若年層で伸び悩み。世論調査を精緻に見ていけば、この社会の全体像が見えてくる。仕組みの理解から選挙への応用まで！

1419
夫婦幻想
——子あり、子なし、子の成長後
奥田祥子
愛情と信頼に満ちあふれた夫婦関係は、いまや幻想なのか。不安やリスクを抱えつつも希望を見出そうとして苦闘する夫婦の実態を、綿密な取材に基づいて描き出す。

1422
教育格差
——階層・地域・学歴
松岡亮二
親の学歴や居住地域など「生まれ」によって、子どもの学歴・未来は大きく変わる。本書は、就学前から高校まで教育格差を緻密に検証し、採るべき対策を提案する。

1423
ヒューマンエラーの心理学
一川誠
仕事も勉強も災害避難の判断も宝くじも、直感はもちろん熟考さえも当てにならない。なぜ間違えてしまうのか。錯覚・錯視の不思議から認知バイアスの危険まで。

1429
露出する女子、覗き見る女子
——SNSとアプリに現れる新階層
三浦展
天笠邦一
今、格差はスマホの中にあった！ 20—30代女性544人を徹底調査。所得・仕事・結婚による階層間の断絶を、SNSやアプリの利用実態から読み解く。

1433
ソーシャルワーカー
——「身近」を革命する人たち
井手英策
柏木一恵
加藤忠相
悲惨に立ち向かい、身近な社会を変革するソーシャルワーカー。人を雑に扱う社会から決別し、死ぬまで人間らしく生きられる社会へ向けて提言した入魂の書！

1434
ルポ 平成ネット犯罪
渋井哲也
出会い系、自殺系、裏サイト、闇サイトを舞台にした売春、ドラッグ、自殺、いじめ……。リアル世界に飛び出したネット事件を歩き、バーチャル空間の功罪を探る。

1436
教え学ぶ技術
——問いをいかに編集するのか
苅谷剛彦
石澤麻子
オックスフォード大学の教育法がここに再現！ 論理をいかに構築するのか？ 問いはどうすれば磨かれるのか？ 先生と学生との対話からその技術を摑み取れ。